Le trouble bipolaire
Guide d'information

ÉDITION RÉVISÉE

Guide créé par le personnel de la
Clinique du trouble bipolaire de CAMH

camh
Centre de toxicomanie et de santé mentale

Catalogage avant publication de Bibliothèque et Archives Canada
Parikh, Sagar V.,
[Bipolar disorder. Français]
    Le trouble bipolaire : guide d'information / guide créé par le personnel de la
Clinique du trouble bipolaire de CAMH. -- Édition révisée.

Traduction de : Bipolar disorder.
Sagar Parikh et six autres personnes ont collaboré à la rédaction du guide.
Comprend des références bibliographiques.
Publié en formats imprimé(s) et électronique(s).
ISBN 978-1-77052-583-2.--ISBN 978-1-77052-584-9 (pdf).--
ISBN 978-1-77052-585-6 (html).--ISBN 978-1-77052-586-3 (epub).--
ISBN 978-1-77114-213-7 (kindle)

    1. Psychose maniacodépressive--Ouvrages de vulgarisation. I. Centre de toxi-
comanie et de santé mentale organisme de publication II. Titre. III. Titre : Bipolar
disorder. Français

    RC516.P3714 2014   616.89'5   C2014-908133-2
                                            C2014-908134-0

Imprimé au Canada

Il se peut que cette publication soit disponible dans des supports de substitution.
Pour tout renseignement sur les supports de substitution, sur d'autres publications de CAMH ou pour passer une commande, veuillez vous adresser à Ventes et
distribution :

Sans frais : 1 800 661-1111
À Toronto : 416 595-6059
Courriel : publications@camh.ca
Cyberboutique : http://store.camh.ca
Site Web : www.camh.ca/fr

Available in English under the title: *Bipolar disorder: An information guide*

Ce guide a été édité par le Service des publications du Centre de toxicomanie et de santé
mentale (CAMH).

3973f / 12-2014 / PM106

Table des matières

Les auteurs

Le trouble bipolaire est une affection souvent complexe dont le traitement nécessite un recours à des spécialistes aux connaissances et
à l'expertise variées, dans le cadre d'une collaboration multidisci-
plinaire. Le présent guide a été rédigé selon une démarche semblable ; nous l'avons donc délibérément attribué au « personnel de
la Clinique du trouble bipolaire » pour souligner qu'il s'agit d'une
œuvre collective. Pour mémoire, voici les noms des personnes
qui ont collaboré à la rédaction du présent guide : Sagar Parikh,
MD, FRCPC ; Carol Parker, M. Serv. Soc., TSA ; Robert Cooke, MD,
FRCPC ; Stephanie Krüger, MD ; Roger McIntyre, MD, FRCPC ; Alice
Kusznir, ergothérapeute, M.Ed. ; et Christina Bartha, M. Serv. Soc.,
TSA. Ont également contribué à ce guide Lynnette Ashton, Mary
Damianakis, Deborah Mancini et Lisa Zetes-Zanatta.

Remerciements

Les auteurs tiennent à remercier les clients et familles qui, en s'ouvrant à eux, leur ont tant appris. Ils souhaitent également exprimer leur reconnaissance aux clients et familles pour le temps qu'ils ont consacré à la révision du manuscrit et pour leurs précieux commentaires et suggestions.

La présente édition a été révisée par le Dr Hagen Rampes.

Introduction

Le présent guide a été rédigé à l'intention des personnes atteintes de trouble bipolaire, de leurs familles et de toutes les personnes désireuses d'acquérir des connaissances de base sur la maladie, son traitement et la façon de la gérer. Ce guide n'est pas destiné à remplacer les médecins ou les prestataires de soins de santé mentale, mais il peut servir à susciter des questions et des discussions sur le trouble bipolaire. Il aborde de nombreux aspects du trouble bipolaire et répond aux questions courantes à son sujet. Pour ce qui est des traitements pharmacologiques, en raison d'un influx constant de nouveaux médicaments, il se peut que certains nouveaux médicaments ne soient pas indiqués dans le guide car ils n'étaient pas sur le marché au moment de la publication.

Remarque : Dans cette publication, l'emploi du masculin pour désigner des personnes n'a d'autre fin que celle d'alléger le texte.

1 Qu'est-ce que le trouble bipolaire ?

Pourquoi le trouble bipolaire est-il considéré comme une maladie ?

Tout le monde a des hauts et des bas. Il est normal de ressentir tour à tour de la joie, de la tristesse et de la colère. Cependant, le **trouble bipolaire** (autrefois appelé trouble maniaco-dépressif) est un état pathologique. Les personnes qui en sont atteintes présentent des sautes d'humeur extrêmes qui sont sans rapport avec ce qui leur arrive et qui se répercutent sur leur façon de penser et d'agir, affectant tous les aspects de leur vie.

Le trouble bipolaire n'est pas une faute de caractère et il ne provient pas ou d'une personnalité instable. Il s'agit d'une maladie qui se soigne.

Le trouble bipolaire est-il une affection courante ?

Vous ou l'un de vos proches avez reçu un diagnostic de trouble bipolaire. Vous avez peut-être l'impression d'être seul face à cette maladie, mais ce n'est pas le cas. À l'échelle mondiale, un ou deux adultes sur cent souffrent de trouble bipolaire, la maladie touchant également les femmes et les hommes.

À quel moment de la vie le trouble bipolaire survient-il ?

Les premiers signes de trouble bipolaire sont de plus en plus souvent décelés durant l'adolescence et au début de l'âge adulte. Pourtant, plus tôt les symptômes font leur apparition, plus ils s'écartent du tableau clinique habituel. Ils peuvent être attribués à tort à de la détresse ou à de la rébellion, typiques de l'adolescence, et c'est pourquoi il est encore courant que le diagnostic ne soit posé qu'à l'âge adulte.

Le trouble bipolaire se manifeste parfois durant la grossesse ou peu après un accouchement. Seule une nouvelle accouchée sur mille connaît un **épisode** de **manie**, un état d'exaltation intense, mais la dépression postnatale est courante (voir les pages 5 à 12 pour les symptômes de la manie et de la **dépression**). Les nouvelles accouchées qui ressentent des symptômes de **trouble dépressif majeur** durant plus de deux semaines devraient consulter un médecin.

2 Portrait clinique du trouble bipolaire

Les épisodes du trouble bipolaire

Le trouble bipolaire est une affection épisodique, caractérisée par la récurrence. Il consiste en l'alternance de trois états :

- un état d'euphorie, appelé manie ;
- un état d'accablement, appelé dépression ;
- un état sans symptômes pendant lequel la plupart des personnes atteintes se sentent normales et ont des activités normales.

La personne atteinte peut soit traverser des épisodes unipolaires (soit maniaques, soit dépressifs) soit des **épisodes mixtes** (à la fois maniaques et dépressifs). L'état mixte étant généralement associé à la phase maniaque de la maladie, on l'appelle parfois « manie dysphorique ».

Les différents types de trouble bipolaire

Lorsque le trouble bipolaire est caractérisé par une succession d'accès de manie (ou d'accès mixtes) et de dépression ponctués de périodes sans symptômes, on parle de **trouble bipolaire de type I**. Lorsqu'il est caractérisé par des périodes d'**hypomanie** (une forme atténuée de manie) et de dépression entrecoupées de périodes asymptomatiques, sans qu'il y ait manie franche, on parle de **trouble bipolaire de type II**.

Succession et fréquence des différentes phases

En règle générale, les phases de manie ou d'hypomanie, les phases mixtes et les phases de dépression ne surviennent pas dans un ordre précis et leur fréquence varie. Chez certaines personnes, des années entières peuvent s'écouler entre les épisodes, et chez d'autres, les épisodes peuvent être très rapprochés. Au cours de leur vie, la majorité des personnes atteintes de trouble bipolaire connaissent une dizaine d'épisodes de dépression et de manie ou d'hypomanie ou d'épisodes mixtes, la fréquence des épisodes augmentant au fil des ans. Sans traitement, les épisodes maniaques durent souvent de deux à trois mois et les épisodes dépressifs de quatre à six mois.

LE TROUBLE BIPOLAIRE À CYCLE RAPIDE

Vingt pour cent des personnes atteintes de trouble bipolaire connaissent quatre épisodes par an ou, parfois, bien davantage. Ce type de trouble bipolaire, dont on ignore la cause exacte, est appelé **trouble bipolaire à cycle rapide**, et il nécessite un traitement spécial. Il arrive que le **cycle rapide** soit provoqué par certains **antidépresseurs**, sans que l'on sache au juste pourquoi. Parfois, l'arrêt de l'antidépresseur peut permettre à la personne de retourner à un **cycle « normal »**.

3 Symptômes du trouble bipolaire

La manie

Il arrive qu'une semaine durant, une personne semble anormalement et continuellement euphorique, exaltée ou irritable. Si ce changement d'humeur s'accompagne d'autres symptômes (voir plus bas), il se peut que cette personne traverse une phase maniaque. *Durant une phase maniaque, les gens ne sont pas toujours euphoriques.* Ils peuvent être très irritables, éprouver une grande colère ou afficher un comportement perturbateur ou agressif.

Les symptômes associés à l'état maniaque ne sont pas tous liés à l'humeur. Pour qu'un diagnostic de manie soit posé, il faut aussi qu'au moins trois des symptômes suivants soient présents, et ce, de façon prononcée :

• **Sentiment exagéré de sa propre importance ou idées de grandeur :** La personne se sent invincible ou omnipotente ; elle a l'impression de savoir « ce qui fait tourner le monde » ou ce qu'il faut faire pour le sauver. Elle peut se sentir investie d'une mission spéciale (p. ex., elle croit être une envoyée de Dieu ou avoir été dotée par Dieu de pouvoirs extraordinaires).

- **Besoin réduit de sommeil** : La personne se sent reposée après de courtes heures de sommeil. Il est même des personnes qui ne dorment pas du tout pendant des jours, voire des semaines.
- **Logorrhée (bavardage intarissable)** : La personne parle très rapidement, trop fort et bien plus qu'à l'accoutumée. Il se pourrait qu'elle se mette à raconter des histoires drôles ou à faire des rimes et qu'elle soit irritée si on l'interrompt. Il se peut aussi que, sautant sans cesse du coq à l'âne, elle soit incapable de soutenir une conversation.
- **Flot de pensées incontrôlées** : La personne perd facilement le fil de ses pensées et a du mal à soutenir une conversation, car *elle se laisse facilement distraire*. Il se peut qu'elle se montre impatiente envers les gens qui n'arrivent pas à suivre le rythme de ses pensées, avec ses changements d'idées et ses revirements constants.
- **Hyperactivité** : La personne se montre beaucoup plus sociable avec ses collègues de travail (ou ses camarades de classe) et elle est débordante d'énergie. Au début de la phase maniaque, il se peut qu'elle soit productive, mais à mesure que ses symptômes s'aggravent, elle devient de plus en plus fébrile et se lance dans de nombreux projets qu'elle finit par abandonner.
- **Manque de jugement** : La personne est incapable de se contrôler ou de réfléchir avant d'agir. Elle peut s'engager dans des activités inhabituelles et dangereuses sans songer à leurs conséquences (p. ex., folie des dépenses et décisions malavisées, notamment en affaires). Sa libido étant plus forte, elle choisit ses partenaires avec moins de prudence. Cela peut aboutir à une grossesse non désirée, l'exposer à des maladies sexuellement transmissibles, engendrer un sentiment de culpabilité et perturber ses relations avec les personnes qui comptent dans sa vie.
- **Symptômes psychotiques** : La personne peut afficher des symptômes associés à la psychose, notamment des idées délirantes, c'est-à-dire sans fondement dans la réalité. Elle peut aussi avoir des hallucinations, surtout auditives (elle entend des voix).

L'hypomanie

Tout en étant moins grave que la manie, l'hypomanie peut être déstabilisante. Il se peut que la personne se sente heureuse et débordante d'énergie sans s'attirer de graves ennuis, mais l'hypomanie peut dégénérer en épisode maniaque ou en dépression grave et elle doit donc être traitée.

L'état mixte

Les épisodes maniaques ou dépressifs ne sont pas toujours « purs ». Il est des personnes chez qui les deux types de symptômes sont présents à la fois. C'est ce qu'on appelle un « état mixte ». Ainsi, une personne traversant un état mixte peut avoir des pensées qui se bousculent et s'exprimer très rapidement tout en éprouvant une forte angoisse accompagnée d'idées de suicide. Difficile à diagnostiquer, l'état mixte est extrêmement pénible pour la personne atteinte.

La dépression

La dépression revêt de nombreuses formes et se déclare souvent sans crier gare. Pour qu'un diagnostic de dépression majeure soit posé, il faut que les symptômes aient été présents pendant au moins deux semaines, qu'ils se soient manifestés la plupart des jours et qu'ils aient été présents durant la majeure partie de ces journées-là. Les personnes atteintes de trouble bipolaire qui traversent un épisode de dépression présentent au moins cinq des symptômes suivants :

Humeur dépressive : L'humeur dépressive diffère notablement de la simple tristesse. De fait, la plupart des personnes qui traversent une dépression se disent incapables de ressentir de la tristesse et de pleurer, et lorsqu'elles peuvent pleurer de nouveau, cela signifie souvent que leur état est en voie d'amélioration.

Perte totale d'intérêt à l'égard d'activités qui procuraient du plaisir auparavant : Au début d'un accès de dépression ou lorsque la dépression est légère, il est encore possible de goûter certains plaisirs de la vie et la dépression peut être dissipée par des activités agréables. Or, ce n'est pas le cas pour les personnes qui traversent une dépression majeure.

Perte ou gain de poids : Les personnes qui traversent une dépression ont tendance à perdre l'appétit et donc, à maigrir. Il est toutefois des personnes chez qui la dépression s'accompagne d'une augmentation de l'appétit et d'une envie irrésistible d'hydrates de carbone et de graisses, ce qui se traduit par un gain de poids. En outre, selon le type de dépression, le métabolisme peut s'accélérer ou ralentir, ce qui peut aussi entraîner une perte ou un gain de poids.

Troubles du sommeil : La dépression s'accompagne souvent de perturbations du sommeil. De nombreuses personnes souffrent d'**insomnie** : elles ont des difficultés à s'endormir, se réveillent au milieu de la nuit ou très tôt le matin et leur sommeil n'est pas réparateur. D'autres font de l'**hypersomnie**, dormant plus que de coutume, surtout durant la journée.

Apathie ou agitation : La dépression cause souvent un ralentissement des mouvements, de la parole et de la pensée. Certaines personnes sont même incapables de se mouvoir, de parler et de réagir à ce qui les entoure. Chez d'autres personnes, c'est le contraire qui se produit : elles sont très agitées, ont du mal à rester en place, font les cent pas, se morfondent... L'**agitation** va souvent de pair avec une vive **anxiété**.

Manque d'énergie : Les personnes qui traversent un épisode dépressif ont du mal à effectuer leurs tâches quotidiennes, au foyer ou au travail. Ces tâches leur prennent plus de temps qu'à l'ordinaire en raison d'un manque d'énergie et de motivation.

Impression d'être bon à rien et sentiment de culpabilité : La dépression s'accompagne souvent d'une perte de confiance en soi. Les personnes atteintes sont incapables de s'affirmer et se sentent inutiles. De nombreuses personnes qui traversent un épisode dépressif sont obsédées par des événements de leur passé. Elles ne cessent de penser aux personnes qu'elles ont déçues ou aux paroles qu'elles regrettent d'avoir prononcées et elles sont envahies par un fort sentiment de culpabilité qui peut, dans les cas extrêmes, engendrer du **délire** : la certitude d'avoir péché et de mériter une punition. Certaines personnes vont jusqu'à penser que Dieu les punit de leurs erreurs passées.

Incapacité à se concentrer ou à prendre des décisions : Ces symptômes peuvent être débilitants au point que la personne est incapable d'effectuer les tâches les plus simples ou de prendre la moindre décision.

Idées de suicide : Durant un épisode dépressif, les personnes pensent souvent que la vie ne vaut pas la peine d'être vécue ou qu'il vaudrait mieux qu'elles soient mortes. Il existe un risque élevé qu'elles passent à l'acte : les tentatives de suicide sont nombreuses durant la phase dépressive.

Symptômes psychotiques : Certaines personnes traversant un épisode dépressif croient à tort être démunies, punies pour leurs

péchés ou atteintes d'une maladie mortelle comme le cancer.
D'autres ont des hallucinations auditives ou visuelles.

La **dépression** se manifeste souvent par :

- une vive anxiété ;
- des inquiétudes au sujet de choses insignifiantes ;
- des symptômes physiques, notamment de la douleur, ce qui peut entraîner de nombreuses consultations auprès du médecin de famille.

Autres symptômes des épisodes bipolaires

Durant les épisodes de trouble bipolaire, certaines personnes éprouvent des troubles moteurs, appelés « **symptômes catatoniques** ». Le problème touche jusqu'à 25 % des personnes qui traversent un épisode de dépression et jusqu'à 28 % des personnes qui traversent un **épisode mixte** ou maniaque. Au nombre de ces symptômes, on peut citer l'agitation physique extrême, le ralentissement des mouvements et le caractère inhabituel des mouvements ou des postures. Parfois, l'agitation est impossible à maîtriser. À l'opposé, il arrive que les mouvements soient réduits au point que les personnes refusent d'ouvrir la bouche pour parler, s'alimenter ou boire, ce qui, à l'évidence, représente un grave danger. Dans la plupart des cas, un traitement adapté permet d'éliminer les symptômes catatoniques.

Le risque existe que les personnes présentant des symptômes catatoniques soient diagnostiquées à tort comme étant schizophrènes, car ces symptômes sont généralement associés à la schizophrénie plutôt qu'au trouble bipolaire.

La comorbidité et son importance

Une **comorbidité** est un problème de santé parallèle à un autre. Les comorbidités peuvent être préexistantes au trouble bipolaire ou survenir simultanément. Les recherches n'ont pas permis de découvrir pourquoi certains troubles accompagnent fréquemment le trouble bipolaire et d'autres non. La sévérité d'un trouble comorbide peut évoluer au cours d'une vie et ses symptômes peuvent également varier en fonction de l'évolution du trouble bipolaire.

L'un des problèmes de santé comorbides les plus courants est **l'abus d'alcool ou d'autres drogues**. Durant les épisodes maniaques, certaines personnes qui ne font pas d'abus pendant les périodes où elles se sentent bien se livrent à des excès d'alcool ou essaient des drogues, car elles sont impulsives et ont l'impression d'être libres de toute entrave. Durant les épisodes dépressifs, certaines personnes se tournent vers l'alcool ou les autres drogues en pensant que cela leur permettra de se sentir mieux.

Autres troubles psychiatriques qui accompagnent souvent le trouble bipolaire :

• trouble panique ;
• trouble obsessionnel-compulsif ;
• hyperphagie boulimique ;
• abus d'alcool, drogues et substances intoxicantes ;
• trouble déficitaire de l'attention avec ou sans hyperactivité ;
• trouble de la personnalité limite.

Quand on pose un diagnostic de trouble bipolaire, il est important de déceler d'éventuelles comorbidités. Les comorbidités peuvent obscurcir le tableau clinique et leur présence complique le traitement du trouble bipolaire. Leur sévérité est souvent telle qu'elles nécessitent un traitement à part.

4 Causes du trouble bipolaire

On ignore les mécanismes précis à l'origine du trouble bipolaire, mais on sait que plusieurs facteurs entrent en jeu. Des données probantes montrent que des facteurs physiologiques, notamment génétiques, jouent un rôle important. Cela ne signifie pas nécessairement qu'il y ait transmission héréditaire, les gènes en cause ayant pu subir des mutations après la conception.

Les gènes régissent la formation des cellules et leurs caractéristiques. Les chercheurs pensent que des mutations génétiques pourraient amener les cellules cérébrales à produire des protéines défectueuses, ce qui donnerait naissance au trouble bipolaire. Les recherches actuelles concernent tant les gènes eux-mêmes que les diverses protéines qui pourraient intervenir dans la maladie :

• les protéines qui entrent dans la production des **neurotransmetteurs**, les messagers chimiques du cerveau ;
• les protéines qui se servent des neurotransmetteurs pour donner des ordres aux cellules.

Ce dont on est sûr, c'est que si l'excès de stress et les problèmes familiaux peuvent déclencher un épisode chez les personnes déjà atteintes de trouble bipolaire, ils ne peuvent pas à eux seuls engendrer cette maladie. Le trouble bipolaire n'est pas non plus le résultat d'un simple déséquilibre des neurotransmetteurs comme la sérotonine ou la dopamine, bien qu'un épisode bipolaire puisse se répercuter sur ces neurotransmetteurs.

Qu'est-ce qui peut déclencher un épisode bipolaire ?

On ne peut pas toujours attribuer les épisodes bipolaires à un **facteur déclencheur** particulier, mais il est souvent possible de le faire. Parmi les facteurs déclencheurs figurent les situations susceptibles de provoquer un état maniaque ou dépressif chez les personnes qui ont déjà connu un épisode bipolaire : excès de stress ou privation continue de sommeil, par exemple. Les substances chimiques peuvent aussi être des facteurs déclencheurs. On peut notamment citer les antidépresseurs qui fonctionnent « trop bien » et provoquent des états maniaques, les médicaments d'usage courant, dont les stéroïdes (p. ex., la prednisone, qui est prescrite pour le traitement de l'asthme ou de l'arthrite) et les drogues telles que la cocaïne et les amphétamines.

5 Traitements du trouble bipolaire

Les traitements du trouble bipolaire peuvent être biologiques (p. ex., pharmacothérapie) ou psychosociaux (p. ex., **psychoéducation** et **psychothérapie**). Il est assez courant que les deux types de traitement soient nécessaires, mais en règle générale, il faut commencer par un traitement biologique pour maîtriser les symptômes.

Les traitements biologiques

Le trouble bipolaire étant une maladie à forte composante biologique, les principales formes de traitement sont d'ordre biologique. Les traitements pharmacologiques sont les plus courants, mais il existe d'autres traitements biologiques, dont la **photothérapie** (séances quotidiennes dans une cabine d'éclairage), l'**électroconvulsivothérapie** (ECT) et la **stimulation magnétique transcrânienne** (SMT), qui est à l'étude comme traitement de rechange à l'ECT.

LES MÉDICAMENTS

Cette partie résume certains renseignements contenus dans la série de brochures de CAMH *Comprendre les médicaments psychotropes.* Conçues pour aider les gens à faire des choix éclairés, ces brochures traitent des différents types de médicaments en indiquant leurs noms, leurs effets et leur place dans le traitement des troubles mentaux. Les brochures de la série *Comprendre les médicaments psychotropes* se trouvent également en ligne dans le site Web de CAMH et ont pour objet les antidépresseurs, les antipsychotiques, les benzodiazépines et les psychorégulateurs.

La pharmacothérapie est la pierre angulaire du traitement du trouble bipolaire : elle est indispensable pour stabiliser l'humeur et promouvoir le mieux-être ainsi que pour prévenir le retour des symptômes. Il existe plusieurs types de médicaments, dont la description figure ci-dessous. La détermination du médicament et de la posologie qui conviennent demandent un suivi médical, fondé sur les échanges entre la personne atteinte et le médecin.

Comme la majorité des personnes non traitées connaissent un nouvel épisode dans les deux ans, il importe de poursuivre le traitement une fois les symptômes disparus. En effet, les médicaments ne font pas que traiter les symptômes du trouble bipolaire, ils ont également un effet préventif important. Les recommandations pour le **traitement d'entretien** ou le traitement à long terme dépendent des caractéristiques de la maladie. Lorsqu'il n'y a eu qu'un épisode léger n'ayant pas causé de préjudice grave, un traitement médicamenteux de un ou deux ans peut suffire, mais dans la plupart des cas, un traitement à long terme est recommandé, souvent à durée indéterminée. Le trouble bipolaire peut être une maladie chronique.

Il arrive que des personnes atteintes de trouble bipolaire ressentent un mieux-être durant une longue période. Cela peut signifier que la maladie est en rémission ou que les médicaments permettent de maîtriser les symptômes. Dans un cas comme dans l'autre, il est important de continuer le traitement. Lorsqu'une personne y met fin, elle s'expose à un risque de **rechute** de 80 % dans les deux ans. Et une rechute peut se produire en tout temps, même après des années de stabilité.

Certaines personnes redoutent que les médicaments ne créent une dépendance ou qu'ils n'induisent un changement de personnalité. Or, les principaux médicaments employés pour traiter le trouble bipolaire – psychorégulateurs, antidépresseurs et **antipsychotiques** – ne créent pas de dépendance et rien n'indique qu'ils altèrent la personnalité. Ceci dit, certains **anxiolytiques** peuvent engendrer une dépendance quand on les prend régulièrement pendant plus de quelques semaines.

Certains médicaments prescrits pour traiter le trouble bipolaire peuvent avoir des effets secondaires, mais nombre de ces effets s'atténuent avec le temps et les autres peuvent être traités par le médecin, notamment grâce au suivi des effets associés à différentes posologies. Avec un tel suivi, le risque de complications à long terme est faible. Il est bien plus risqué de ne pas traiter le trouble bipolaire.

Pour traiter le trouble bipolaire, on a recours à deux catégories de médicaments : les psychorégulateurs et les **médicaments d'appoint**, ces derniers servant à traiter des symptômes précis : dépression, troubles du sommeil, anxiété et symptômes psychotiques, par exemple. Il existe plusieurs types de médicaments d'appoint : les antidépresseurs, les anxiolytiques (contre l'anxiété) et les antipsychotiques (anciennement appelés neuroleptiques). Ces médicaments ne sont généralement prescrits que tant que les psychorégulateurs n'ont pas produit leur plein effet, mais il arrive qu'un anxiolytique soit prescrit à long terme, en association avec un psychorégulateur, pour traiter le trouble bipolaire.

Comme d'autres affections chroniques telles que le diabète et
l'épilepsie, le trouble bipolaire doit souvent être traité par plusieurs
médicaments.

Les psychorégulateurs

Les psychorégulateurs sont des médicaments qui atténuent les
sautes d'humeur anormales. Ils peuvent également prévenir les
épisodes de manie et de dépression. Le plus ancien des psychorégulateurs et celui qui a fait l'objet du plus grand nombre d'études
est le lithium, un élément chimique appartenant à la même famille
que le sodium. De nombreux médicaments initialement prescrits
comme anticonvulsivants pour le traitement de l'épilepsie ont également des effets psychorégulateurs, notamment la carbamazépine
(Tegretol), le divalproex (Epival) et la lamotrigine (Lamictal). La
gabapentine (Neurontin) et le topiramate (Topamax), qui sont aussi des anticonvulsivants, sont généralement prescrits avec d'autres
médicaments.

Dans certains cas, le médecin prescrit plus d'un type de
psychorégulateur.

Le mode d'action des psychorégulateurs n'a pas été complètement
élucidé. On pense toutefois qu'ils agiraient en maîtrisant la stimulation excessive de certaines zones du cerveau ou en prévenant une
telle activité.

Les effets secondaires varient selon les types de psychorégulateurs. Dans certains cas, on minimise ces effets grâce à un suivi
régulier des concentrations sanguines de médicament. Certaines
personnes n'éprouvent aucun effet secondaire tandis que d'autres
éprouvent des effets pénibles. Les effets secondaires s'atténuent
généralement au cours du traitement. S'ils ne sont pas tolérables, il
convient d'en avertir le médecin traitant sans tarder.

LE LITHIUM

Le lithium (Carbolith, Duralith, Lithane, carbonate de lithium, citrate de lithium) est une substance chimique présente à l'état naturel dans certaines eaux minérales et, en faibles quantités, dans le corps humain. Il sert à traiter la manie et à prévenir les épisodes de manie et de dépression. Les résultats des recherches montrent de plus en plus clairement que le lithium protège de l'inflammation les cellules cérébrales des personnes atteintes de trouble bipolaire.

Soif intense et besoin accru d'uriner, nausées, gain de poids et léger tremblement des mains sont les effets secondaires les plus courants du lithium. Le lithium peut aussi provoquer de la fatigue, de la diarrhée et des vomissements, une vision brouillée, des troubles de mémoire et de concentration, des modifications cutanées (p. ex., sécheresse de la peau ou acné) et une légère faiblesse musculaire, mais ces effets sont plus rares. Généralement peu prononcés, les effets secondaires du lithium ont tendance à s'atténuer en cours de traitement. Toutefois, si un effet secondaire est marqué, il faut immédiatement en avertir le médecin. Par ailleurs, le lithium pouvant parfois affecter la fonction thyroïdienne et la fonction rénale, un suivi médical régulier s'impose.

DIVALPROEX, ACIDE VALPROÏQUE OU VALPROATE

Les divers noms de cet anticonvulsivant correspondent à différentes formulations. Le divalproex est prescrit, sous ses diverses formes, aux personnes qui ont de fréquentes sautes d'humeur ou qui ne réagissent pas au lithium. Depakene et Epival sont deux noms de marque du divalproex.

Les effets secondaires courants du divalproex sont la somnolence, les étourdissements, les nausées et une vision brouillée. Plus rarement, le divalproex peut provoquer des vomissements, de légères crampes, des tremblements musculaires, une légère perte de cheveux, un gain de poids, des ecchymoses ou des saignements, des troubles hépatiques et des altérations du cycle menstruel.

LA CARBAMAZÉPINE

La carbamazépine (Tegretol), un autre anticonvulsivant, sert à traiter la manie et les états mixtes chez les personnes qui ne réagissent pas au lithium ou qui sont irritables ou agressives.

Étourdissements, somnolence, vision brouillée, confusion, tremblements musculaires, nausées et vomissements, légères crampes, sensibilité de la peau, sensibilité accrue aux rayons du soleil, éruptions cutanées et troubles de la coordination sont les effets secondaires les plus courants de la carbamazépine.

Un effet secondaire rare mais dangereux de la carbamazépine est la diminution du nombre des globules rouges. Les personnes qui prennent ce médicament doivent donc régulièrement se soumettre à des analyses sanguines. En cas d'irritation de la bouche, des gencives ou de la gorge, d'ulcères ou de plaies dans la bouche, de fièvre ou de symptômes semblables à ceux de la grippe, il faut immédiatement prévenir le médecin, car il pourrait s'agir de signes de cet effet secondaire. Si la carbamazépine est à l'origine de ces symptômes, ils disparaîtront avec l'arrêt du médicament.

Très proche de la carbamazépine, l'oxcarbazépine (Trileptal) pourrait avoir moins d'effets secondaires et poser moins de risques d'interactions médicamenteuses, mais elle n'a pas été suffisamment étudiée pour le traitement du trouble bipolaire.

LA LAMOTRIGINE

La lamotrigine pourrait bien être le psychorégulateur le plus efficace pour le traitement de la dépression chez les personnes atteintes de trouble bipolaire, mais elle n'est pas aussi efficace contre la manie.

Il est recommandé de commencer par une dose très faible et de l'augmenter tout doucement sur quatre semaines ou plus. Cela permet de réduire le risque d'éruption cutanée grave, un effet secondaire rare du médicament.

Fièvre, étourdissements, somnolence, vision brouillée, nausées et vomissements, légères crampes, maux de tête et éruptions cutanées sans gravité sont les effets secondaires courants de la lamotrigine. Toute éruption cutanée qui se manifeste au cours des premières semaines de traitement doit être signalée au médecin traitant.

Les antidépresseurs

D'abord employés pour traiter la dépression, les antidépresseurs se sont par la suite révélés utiles pour le traitement des troubles anxieux.

On pense que les antidépresseurs agiraient principalement en affectant les concentrations des neurotransmetteurs (des substances chimiques présentes dans le cerveau) et en particulier les concentrations de sérotonine, de noradrénaline et de dopamine. On peut prescrire des antidépresseurs aux personnes atteintes de trouble bipolaire pendant les épisodes dépressifs, mais il faut faire preuve de prudence car ils peuvent déclencher un état maniaque ou de fréquentes fluctuations de l'humeur (cycle rapide).

Il existe plusieurs classes d'antidépresseurs, chaque classe comportant de nombreux médicaments. Les divers types d'antidépresseurs sont présentés ci-dessous, dans un ordre qui reflète la fréquence à laquelle ils sont généralement prescrits.

INHIBITEURS SÉLECTIFS DE LA RECAPTURE DE LA SÉROTONINE (ISRS)

Cette classe de médicaments, qui comprend la fluoxétine (Prozac), la paroxétine (Paxil), la fluvoxamine (Luvox), le citalopram (Celexa), l'escitalopram (Cipralex) et la sertraline (Zoloft), est généralement celle à laquelle on a recours en premier lieu pour traiter la dépression et l'anxiété.

INHIBITEURS DE LA RECAPTURE DE LA SÉROTONINE ET DE LA NORADRÉNALINE (IRSN)

Cette classe de médicaments comprend la venlafaxine (Effexor), la duloxétine (Cymbalta) et la desvenlafaxine (Pristiq).

INHIBITEURS DU RECAPTAGE DE LA NORÉPINÉPHRINE ET DE LA DOPAMINE (IRND)

Le seul médicament de cette classe est le bupropion (Wellbutrin, Zyban). En raison de ses effets énergisants, le bupropion est souvent prescrit pour traiter la dépression, en conjonction avec un antidépresseur.

ANTIDÉPRESSEURS NORADRÉNERGIQUES ET SÉROTONINERGIQUES SPÉCIFIQUES (ANSS)

Le seul médicament de cette classe est la mirtazapine (Remeron). C'est l'antidépresseur dont les propriétés sédatives sont les plus puissantes.

ANTIDÉPRESSEURS CYCLIQUES

Plus ancienne, cette classe de médicaments comprend l'amitriptyline (Elavil), la maprotiline (Ludiomil), l'imipramine (Tofranil), la désipramine (Norpramin), la nortriptyline (Novo-Nortriptyline) et la clomipramine (Anafranil).

La plupart de ces médicaments ayant davantage d'effets secondaires que les médicaments plus récents, ils ne sont pas souvent prescrits en première intention.

INHIBITEURS DE LA MONOAMINE-OXYDASE (IMAO)

Les IMAO, au nombre desquels on peut citer la phénelzine (Nardil) et la tranylcypromine (Parnate), sont la classe d'antidépresseurs la plus ancienne. Bien qu'ils soient efficaces, les IMAO sont rarement prescrits car les personnes qui les prennent doivent s'astreindre à un régime spécial. Cet inconvénient ne s'applique pas au moclobémide (Manerix), un nouvel IMAO, mais il se pourrait qu'il ne soit pas aussi efficace que les autres IMAO.

ANXIOLYTIQUES

L'anxiété est un symptôme courant du trouble bipolaire, et les troubles du sommeil sont également très fréquents durant les épisodes aigus. Pour maîtriser ces symptômes, on prescrit souvent des **benzodiazépines**, une classe de médicaments légèrement sédatifs. De nombreux types de benzodiazépines sont commercialisés au Canada. Toutes les benzodiazépines agissent de la même manière, mais l'intensité et la durée de leurs effets varient. On peut en prendre pendant de courtes périodes sans s'exposer à une dépendance.

Les benzodiazépines les plus prescrites pour traiter l'anxiété sont le clonazépam (Rivotril), l'alprazolam (Xanax) et le lorazépam (Ativan). Le clonazépam est particulièrement utile pour traiter l'excès d'énergie et l'insomnie associés à l'hypomanie.

Les benzodiazépines prescrites pour le traitement de l'insomnie sont le lorazépam (Ativan), le nitrazépam (Mogadon), l'oxazépam (Serax), le témazépam (Restoril), le triazolam (Halcion) et le flurazépam (Dalmane).

Pour traiter l'insomnie, on prescrit aussi du zopiclone (Imovane). Ce médicament, qui s'apparente aux benzodiazépines et qui a des effets secondaires semblables est associé à un risque d'abus moindre que certaines benzodiazépines, mais le risque n'est pas nul.

Les antipsychotiques

Les antipsychotiques sont couramment employés pour traiter le trouble bipolaire. Leur effet sédatif prononcé permet de maîtriser la manie et de traiter les symptômes de la psychose, dont les idées de grandeur et de persécution et les **hallucinations**. Les antipsychotiques sont généralement classés en deux catégories : les antipsychotiques de première génération (*typiques*) et ceux de deuxième génération (*atypiques*). À l'heure actuelle, la plupart des antipsychotiques prescrits à long terme sont de deuxième génération.

ANTIPSYCHOTIQUES DE DEUXIÈME GÉNÉRATION (ATYPIQUES)

Les médicaments de cette classe sont la rispéridone (Risperdal), la quétiapine (Seroquel), l'olanzapine (Zyprexa), la ziprasidone (Zeldox), la palipéridone (Invega), l'aripiprazole (Abilify) et la clozapine (Clozaril). La clozapine se distingue des autres antipsychotiques, car elle donne souvent des résultats quand d'autres médicaments se sont avérés inefficaces. Toutefois, le traitement par clozapine nécessite un contrôle périodique du taux de globules blancs et pour cette raison ce n'est pas un médicament de première intention.

ANTIPSYCHOTIQUES DE PREMIÈRE GÉNÉRATION (TYPIQUES)

Ces médicaments, plus anciens, comprennent la chlorpromazine (connue autrefois sous le nom de Largactil), le flupenthixol (Fluanxol), la fluphénazine (Modecate), l'halopéridol (Haldol), la loxapine (Loxapac), la perphénazine (Trilafon), le pimozide (Orap), la trifluopérazine (Stelazine), le thiothixène (Navane) et le zuclopenthixol (Clopixol).

Les nouveaux traitements médicaux

Un grand nombre de nouveaux médicaments employés pour stabiliser l'humeur des personnes atteintes de trouble bipolaire furent d'abord mis au point en tant qu'anticonvulsivants (pour traiter l'épilepsie). C'est le cas du divalproex, de la carbamazépine, de l'oxcarbazépine, de la lamotrigine, du topiramate et de la gabapentine. Les preuves d'efficacité varient selon les médicaments, le divalproex et la lamotrigine ayant fait l'objet de recherches plus approfondies que les autres.

Des recherches sont en cours pour déterminer l'effet antidépresseur de deux autres médicaments, la kétamine et la scopolamine (qui s'administrent par voie intraveineuse), pour le traitement du trouble bipolaire.

Il est conseillé de demander à son médecin des renseignements sur les nouveaux traitements du trouble bipolaire. Certains centres médicaux universitaires offrent la possibilité de participer à des essais cliniques sur de nouveaux traitements.

L'ÉLECTROCONVULSIVOTHÉRAPIE

Aussi appelée « traitement par électrochocs », l'électroconvulsivothérapie (ECT) est peut-être le plus controversé et le plus méconnu des traitements psychiatriques, ce qu'on peut attribuer en partie au sensationnalisme des grands médias qui en véhiculent une image trompeuse. Or, c'est un moyen sûr et très efficace de traitement des états dépressifs et maniaques du trouble bipolaire et l'ECT est parfois administrée à titre de traitement d'entretien à long terme pour éviter la rechute.

L'ECT n'a pas grand-chose à voir avec les traitements présentés dans les films comme *Vol au-dessus d'un nid de coucou*.

Aujourd'hui, on administre aux patients des myorelaxants (relaxants musculaires) ; la procédure – un faible choc électrique administré sur un côté du crâne ou les deux – est réalisée sous anesthésie générale, et on n'observe que peu de mouvements chez la personne traitée. D'ordinaire, le traitement est administré trois fois par semaine sur une période de trois ou quatre semaines, ce qui fait de huit à douze séances. S'il s'agit d'un traitement d'entretien, les séances peuvent être espacées à raison d'une par mois, par exemple, et poursuivies aussi longtemps que la personne et le médecin le jugent bon. L'ECT est généralement administrée aux personnes hospitalisées, mais il est également possible pour un patient ambulatoire de recevoir ce traitement.

Effets secondaires

Au sortir de l'intervention, la personne peut ressentir un mal de tête ou une douleur à la mâchoire, qu'un analgésique léger comme l'acétaminophène (Tylenol) suffit généralement à soulager. Il est courant, durant le traitement, de connaître une certaine perte de la mémoire immédiate (p. ex., la personne est incapable de se souvenir de ce qu'elle a mangé la veille au soir) ou des troubles de concentration, mais ces symptômes s'atténuent rapidement une fois que la série de séances a pris fin, généralement en quelques semaines. Néanmoins, certaines personnes signalent de légers troubles de mémoire qui persistent bien plus longtemps.

L'électroconvulsivothérapie et le traitement du trouble bipolaire

L'ECT est le traitement le plus efficace et probablement le plus rapide de la dépression majeure. Il est particulièrement utile chez les personnes très agitées ou suicidaires et chez celles qui présentent des symptômes psychotiques ou catatoniques. Certaines personnes sont traitées par ECT au tout début d'un épisode en raison de l'urgence de leur situation ou de la sévérité de leurs symptômes, tandis que chez d'autres, l'ECT est employée en dernier recours, après que les médicaments prescrits se sont avérés inefficaces. L'ECT permet également de traiter la manie prononcée.

Si l'ECT est très efficace pour mettre fin aux épisodes de dépression et de manie, ses effets ne durent que quelques semaines ou quelques mois. C'est pourquoi à la suite d'un traitement par ECT, la plupart des gens commencent ou recommencent à prendre des psychorégulateurs ou d'autres médicaments. Un traitement d'entretien par ECT peut être administré lorsque les médicaments n'ont pas permis d'éviter une rechute ou lorsque leurs effets secondaires sont mal tolérés.

LA STIMULATION MAGNÉTIQUE TRANSCRÂNIENNE

La stimulation magnétique transcrânienne (SMT) consiste en une série de brèves impulsions magnétiques délivrées au cerveau pour stimuler les cellules nerveuses. La SMT est actuellement à l'étude comme traitement de rechange à l'ECT, mais son efficacité n'a pas encore été prouvée. À la différence de l'ECT, le traitement peut être dispensé sans anesthésie ni myorelaxant.

LES TRAITEMENTS COMPLÉMENTAIRES ET LA MÉDECINE DOUCE

Lorsque les personnes atteintes de trouble bipolaire recherchent des traitements non conventionnels, elles songent souvent à des traitements à suivre en parallèle avec des traitements conventionnels plutôt que d'y substituer d'autres formes de traitement. Parmi les thérapies complémentaires figurent la phytothérapie, l'acupuncture, l'homéopathie, la naturopathie, la médecine ayurvédique, la méditation et le yoga. Il existe aussi un certain nombre de compléments nutritionnels et de vitamines que l'on peut se procurer dans le commerce.

Nombre de ces traitements n'ont pas été soumis à des tests rigoureux. Le millepertuis s'est bien révélé d'une certaine efficacité pour le traitement de la **dépression unipolaire** (dépression sans manie) légère ou modérée, mais il risque de faire basculer les personnes atteintes de trouble bipolaire d'un état dépressif à un état maniaque. Par ailleurs, il existe des interactions entre le millepertuis et un certain nombre de médicaments conventionnels.

Les personnes qui envisagent de prendre des remèdes à base de plantes devraient en parler à un médecin qui connaisse bien les **remèdes alternatifs,** car ces remèdes pourraient interagir avec les médicaments prescrits.

Les acides gras oméga-3 (présents dans les huiles de poisson et d'autres aliments) ont un effet anti-inflammatoire et le taux de dépression est moindre chez les personnes dont l'alimentation est riche en oméga-3. Les recherches semblent indiquer que les acides gras oméga-3 pourraient être utiles dans le traitement de la dépression bipolaire.

Certaines personnes trouvent que des activités comme le yoga, le tai-chi et la méditation les aident à gérer l'anxiété et la dépression.

L'activité physique

Il a été démontré que l'activité physique et l'exercice avaient des effets antidépresseurs. Une activité physique régulière – ne serait-ce qu'une demi-heure de marche par jour – a de profonds effets sur la santé physique et mentale. On a montré que l'exercice accroissait la taille de l'hippocampe, une zone du cerveau essentielle à la mémoire.

Les traitements psychosociaux

Au nombre des traitements psychosociaux figurent la psychoéducation, la psychothérapie, les groupes de soutien et la réadaptation.

LA PSYCHOÉDUCATION

La psychoéducation permet aux personnes atteintes de trouble bipolaire de se familiariser avec la maladie. Elle leur donne aussi l'occasion de parler de l'incidence de la maladie sur leur vie et des moyens de faire face. Ainsi, il n'est pas rare que les personnes venant de recevoir un diagnostic de trouble bipolaire soient saisies de frayeur ou refusent d'y croire. En parlant ouvertement de leurs sentiments, elles sont souvent mieux à même d'y faire face ; elles sont aussi plus fidèles à leur plan de traitement si elles comprennent bien à quoi il sert. La psychoéducation peut être dispensée en groupe ou individuellement, par un médecin, un travailleur social ou un autre prestataire de soins de santé mentale. La psychoéducation de groupe est généralement de durée déterminée et s'effectue sur 8 à 12 séances, chacune portant sur un aspect différent de la gestion du trouble bipolaire (signes et symptômes, gestion du stress, résolution de problèmes, etc.).

La psychoéducation aide aussi famille et conjoint à comprendre ce que vit la personne atteinte. Elle leur permet de s'informer sur les symptômes du trouble bipolaire et son traitement et sur ce qu'ils peuvent faire pour aider leur proche, sans s'attendre à des miracles. La famille peut recevoir une psychoéducation auprès du médecin traitant ou participer à un groupe de soutien familial ou de sensibilisation.

La psychoéducation aide également les personnes atteintes de trouble bipolaire et leurs familles à faire face à la stigmatisation attachée à la maladie mentale. Bien qu'au cours des dernières années, l'accent ait été mis sur la sensibilisation du public, il y a encore beaucoup de gens qui ignorent ce qu'est la maladie mentale et qui évitent le sujet. Les personnes atteintes de trouble bipolaire et leurs familles ont besoin d'un cadre où elles puissent discuter de la question sans être jugées et décider des renseignements à communiquer aux personnes de l'extérieur.

LA PSYCHOTHÉRAPIE

Il s'agit d'un terme générique désignant une forme de traitement fondée sur un travail de parole entrepris avec un thérapeute. La psychothérapie vise à soulager la détresse du client en l'incitant à exprimer ses sentiments. Au moyen du dialogue, le thérapeute amène le client à changer sa façon de voir et les comportements qui pourraient lui être néfastes et il lui présente des stratégies plus opportunes et constructives pour faire face aux problèmes de la vie. Pour que la psychothérapie soit fructueuse, un rapport de confiance doit s'établir entre le client et le thérapeute. Les psychiatres, travailleurs sociaux, psychologues et autres prestataires de soins de santé mentale ont étudié diverses formes de psychothérapie. Ils exercent dans différents milieux : hôpitaux, cliniques et cabinets privés.

Il existe de nombreux modèles de psychothérapie individuelle, qui se subdivisent en deux catégories générales : la **psychothérapie structurée à court terme** et la **psychothérapie à long terme**. La thérapie à court terme met l'accent sur les problèmes présents plutôt que sur les problèmes de l'enfance, et le thérapeute oriente activement les discussions. Le traitement se fait sur 10 à 20 séances en moyenne. Moins structurée, la thérapie à long terme peut durer un an ou plus. Elle offre à la personne l'occasion d'exprimer ses diverses préoccupations liées au passé et au présent. Dans cette forme de traitement, le thérapeute a un rôle moins actif et il donne peu de conseils, se contentant d'aider le client à trouver lui-même les réponses qu'il cherche. La psychothérapie est très utile. Toutefois, dans le contexte du trouble bipolaire, elle ne peut que servir d'appoint au traitement médicamenteux, sans s'y substituer. Toutes les personnes atteintes devraient recevoir un traitement de soutien qui les aide non seulement à gérer leur médication, mais aussi à faire face aux problèmes causés par le trouble bipolaire. C'est ce qu'accomplit la psychothérapie, dont la double fonction est de prodiguer des conseils pratiques et un soutien psychologique.

La thérapie cognitivo-comportementale

La **thérapie cognitivo-comportementale** (TCC) est un exemple de psychothérapie structurée à court terme qui s'est révélée efficace dans le traitement de nombreux autres troubles. Elle repose sur l'idée selon laquelle les croyances et impressions qui sont profondément ancrées influent largement sur la perception de soi et du monde, ainsi que sur l'humeur et le comportement. À titre d'exemple, une personne dépressive qui est convaincue qu'aucun traitement ne lui sera utile ne cherchera pas à se faire soigner, s'exposant à une aggravation de son état. L'objet de la TCC est de mettre en lumière ces façons de voir et de les modifier pour améliorer l'humeur et les capacités fonctionnelles. La TCC est actuellement à l'étude pour le traitement du trouble bipolaire et les premiers résultats sont prometteurs, tant pour ce qui est de la prévention que du traitement de la dépression.

L'anxiété étant un symptôme courant du trouble bipolaire, la thérapie cognitivo-comportementale pourrait être très utile contre les troubles anxieux les plus sévères, dont les crises de panique. Elle pourrait même être indispensable, car les antidépresseurs qui sont parfois prescrits pour traiter les troubles anxieux sont susceptibles de provoquer des épisodes maniaques.

La thérapie psychodynamique, fondée sur la prise de conscience

La thérapie psychodynamique, un exemple de psychothérapie non structurée à long terme, soulage la détresse en aidant la personne à prendre conscience des raisons qui sous-tendent son comportement. Bien que ce traitement ne vise pas spécifiquement le trouble bipolaire, il peut être très utile car les personnes qui apprennent à mieux se connaître sont mieux à même de composer avec leur maladie.

La thérapie de groupe

L'efficacité de la **thérapie de groupe**, qui combine soutien et psychoéducation, n'est plus à démontrer. La thérapie cognitive peut être offerte sous forme de thérapie de groupe, mais son efficacité n'a pas été testée pour le trouble bipolaire.

La thérapie familiale et la thérapie de couple

La thérapie familiale et la thérapie de couple peuvent être très bénéfiques pour les problèmes exacerbés par la maladie ou ceux qui lui sont directement imputables. Il faut préciser que le choix du moment est très important. Durant un épisode aigu, tout ce qu'on peut faire pour la famille ou le conjoint est d'offrir soutien et information. Il faut attendre que la personne se stabilise avant d'entreprendre une véritable thérapie familiale ou conjugale.

LES GROUPES D'ENTRAIDE

Les groupes d'entraide, dont tous les membres sont atteints de trouble bipolaire, ont une place importante dans le traitement. Chacun peut y parler sans crainte de ses difficultés en sachant qu'il sera compris et soutenu ; les personnes nouvellement diagnostiquées peuvent profiter de l'expérience des autres membres et les participants établissent généralement des liens étroits. Ces groupes sont habituellement constitués par l'entremise des sections locales de la Société pour les troubles de l'humeur (voir page 72 pour plus de renseignements).

L'hospitalisation

Lors d'épisodes de dépression majeure ou de manie intense, l'hospitalisation s'avère parfois nécessaire. C'est le cas quand les symptômes sont incontrôlables et qu'ils exposent la personne à un grave danger : comportement agressif ou à risque, négligence de ses propres besoins et tendances suicidaires, par exemple.

ADMISSIONS VOLONTAIRES ET INVOLONTAIRES

En général, l'admission à l'hôpital est *volontaire*, ce qui signifie :

• que la personne a accepté d'être hospitalisée ;
• qu'elle est libre de quitter l'hôpital en tout temps.

Néanmoins, la plupart des gouvernements permettent à tout médecin de faire hospitaliser quelqu'un *contre son gré*, s'il juge que la personne risque :

• de porter atteinte à sa propre intégrité physique ;
• de s'en prendre physiquement à autrui.

Si la personne refuse de voir un médecin, la famille peut demander à un juge de paix d'ordonner qu'elle subisse une évaluation psychiatrique en soumettant des preuves montrant que la maladie représente un danger pour la personne elle-même ou pour autrui.

La loi protège les droits des personnes hospitalisées contre leur gré, notamment en requérant la visite d'un conseiller en matière de droits. Le conseiller est chargé de veiller à ce que la personne ait l'occasion d'interjeter appel de son hospitalisation involontaire auprès d'un comité indépendant composé d'avocats, de médecins et de non-spécialistes, si elle le souhaite.

Il est parfois nécessaire de faire appel à la police pour faire hospitaliser une personne. Le recours aux services de police n'est pas une décision que l'on prend de gaieté de cœur. Les familles se sentent souvent très coupables de prendre une telle décision, même si elle vise à sauver la vie de leur proche. Il faut savoir que les menaces de suicide sont généralement des appels à l'aide et qu'elles doivent être prises au sérieux. Les gens qui ont des idées suicidaires ne font généralement que traverser une mauvaise passe, durant laquelle ils ont besoin d'être à l'abri du danger.

TRAITEMENT EN MILIEU HOSPITALIER

Le séjour à l'hôpital peut durer de quelques jours à quelques semaines. Pendant les premières journées de son séjour, on demande généralement à la personne de demeurer dans l'aile psychiatrique (elle y est tenue si elle a été hospitalisée contre son gré). À mesure qu'elle se rétablira, elle pourra être autorisée à fréquenter d'autres parties de l'hôpital, puis à se promener au dehors et enfin à passer les nuits ou les fins de semaine chez elle.

La personne participe à une série de programmes éducatifs et thérapeutiques de groupe et elle a des rencontres individuelles avec des médecins, des membres du personnel infirmier et d'autres professionnels. Ses médicaments peuvent être remplacés ou leur posologie modifiée. Il se peut aussi qu'un médecin, travailleur social ou autre professionnel interroge des membres de la famille à son sujet.

La planification du congé commence immédiatement après l'admission. La personne peut s'attendre à quitter l'hôpital aussitôt que des dispositions de suivi raisonnables auront été prises et que ses symptômes se seront suffisamment atténués pour lui permettre de vivre chez elle en toute sécurité et de prendre soin d'elle-même. Il n'est pas nécessairement avantageux de garder la personne à l'hôpital tant que ses symptômes n'ont pas complètement disparu. Cela pourrait lui être préjudiciable en la coupant de sa famille et de ses soutiens sociaux et peut-être même en compromettant son aptitude à vivre de manière indépendante.

6 Rétablissement et prévention de la rechute

Le traitement du trouble bipolaire vise à :

- maîtriser les symptômes, pour qu'ils cessent de causer de la détresse ou des problèmes ;
- aider la personne à gérer sa vie professionnelle et sociale ;
- réduire le risque de rechute.

Un rétablissement progressif

Certaines personnes se remettent rapidement d'un épisode maniaque, hypomaniaque, mixte ou dépressif, mais le rétablissement est généralement graduel et il faut compter quelques mois pour un retour à une vie normale, même après la disparition complète des symptômes.

La lenteur du rétablissement suscite souvent de l'impatience chez les personnes atteintes de trouble bipolaire, et elle est particulièrement démoralisante pour les personnes qui sont très exigeantes envers elles-mêmes. À la fin d'un épisode, désireuses de se convaincre qu'elles sont complètement rétablies et aussi d'en convaincre leur entourage, certaines personnes reprennent toutes leurs activités, et il y en a même qui en rajoutent. Or, cette fuite en avant est souvent épuisante et néfaste. De même qu'on reprend graduellement ses activités à la suite d'une fracture de la jambe, la reprise graduelle des activités et responsabilités à la suite d'un épisode bipolaire s'impose, et elle permet de retrouver sa confiance en soi.

Il importe de réaliser que le rétablissement est progressif et non ponctuel. Les personnes qui sortent d'un épisode bipolaire se sentent souvent vulnérables, craignant de connaître un nouvel épisode. *Ces sentiments sont normaux durant la phase de rétablissement.* Il faut compter un certain temps avant de retrouver confiance en soi et retourner à ses occupations normales. Pour commencer, il est recommandé de reprendre graduellement ses activités, sans chercher à trop en faire. Il est à prévoir que le retour à certaines activités (p. ex., vie sociale, travail ou études) s'accompagnera d'une certaine anxiété et il faut se garder d'être trop critique envers soi-même. Un travailleur social, un ergothérapeute ou une infirmière peuvent aider à définir une stratégie de rétablissement incluant la reprise de diverses activités : bénévolat, loisirs, cours, travail à temps partiel et retour éventuel au travail à plein temps.

Comment prévenir la rechute et favoriser le mieux-être

Il n'existe à l'heure actuelle aucun remède contre le trouble bipolaire et les personnes atteintes ne sont donc pas à l'abri de nouveaux épisodes. *Il importe donc de profiter des périodes de mieux-être pour s'employer activement à prévenir une rechute.* Tout comme les diabétiques, les personnes atteintes de trouble bipolaire doivent apprendre à déceler les signes avant-coureurs d'une possible rechute afin d'éviter un épisode majeur.

Pour établir des stratégies de maîtrise des symptômes, faire face au stress quotidien et réduire le risque de récurrence, il est souvent utile de faire appel à un conseiller, psychothérapeute, ergothérapeute ou travailleur social, ou à une infirmière, qui aideront à individualiser le traitement.

Les conseils suivants peuvent permettre d'éviter une rechute et promouvoir de saines habitudes de vie :

1. **Se renseigner à fond sur la maladie.** Il est recommandé de faire des lectures approfondies sur le trouble bipolaire et son traitement et, si on a besoin d'explications, de s'adresser à un prestataire de soins de santé mentale.

2. **Adopter de saines habitudes de vie.** Il faut s'abstenir de consommer de l'alcool ou d'autres drogues, car ils augmentent le risque de rechute. Une alimentation saine et un régime d'exercices réguliers peuvent avoir une influence positive sur l'humeur.

    En cas de difficulté à s'endormir, de réveils fréquents durant la nuit ou de sommeil écourté, il est recommandé d'adopter un rituel quotidien favorable au sommeil : se coucher à la même heure tous les soirs et éviter les activités peu propices à la détente avant de se mettre au lit (p. ex., il vaut mieux régler ses factures, terminer des travaux ou avoir des discussions importantes dans la journée plutôt qu'en soirée). Beaucoup de gens font des exercices de relaxation, lisent quelque chose d'agréable ou prennent une tisane avant de se coucher, car cela les détend. Il ne faut pas s'attendre à s'endormir tout de suite et il faut éviter de se dire qu'on n'y arrivera pas, cela ne ferait qu'aggraver l'anxiété. Il est parfois utile de recourir à un somnifère pour trouver le repos dont on a tant besoin.

3. **Continuer à prendre ses médicaments tant que le médecin n'a pas dit de les arrêter.** Les personnes qui ressentent un mieux-être cessent souvent de prendre leurs médicaments. Or, le risque de rechute est plus élevé lorsqu'on arrête trop tôt. Les recommandations pour le traitement d'entretien ou le traitement à long terme dépendent des caractéristiques de la maladie. Lorsqu'il n'y a eu qu'un épisode léger n'ayant pas causé de préjudice grave, un traitement médicamenteux de un ou deux ans peut suffire, mais dans la plupart des cas, un traitement à long terme est recommandé, souvent à durée indéterminée. Le trouble bipolaire peut être une maladie chronique.

4. **Apprendre à mieux faire face au stress, à défaut de l'éviter.** Beaucoup de personnes atteintes de trouble bipolaire ont un seul et unique mode d'adaptation : elles cachent leurs inquiétudes et évitent d'aborder les problèmes, par exemple, ce qui peut fonctionner dans certaines situations, mais pas dans toutes. Il est recommandé, autant que possible, d'essayer d'autres stratégies. Ainsi, il est bon de régler les problèmes au fur et à mesure, car le fait de les ignorer entraîne une accumulation de stress. Il importe aussi de prendre conscience de son seuil de tolérance au stress, de reconnaître les relations avec autrui qui sont préjudiciables et, si possible, d'éviter les situations susceptibles de déclencher une rechute.

5. **Éviter de s'isoler et maintenir son réseau de soutien** Le trouble bipolaire conduit certaines personnes à s'isoler, ce qui exacerbe la dépression et engendre découragement et accablement. Pourtant, les liens sociaux solides offrent un rempart contre la dépression. Il faut donc éviter de passer trop de temps seul et maintenir le contact avec son réseau de soutien.

À qui parler de sa maladie ? Il n'y a pas de réponse toute faite. Bien que les préjugés attachés à la maladie mentale soient moindres que par le passé, ils continuent d'affecter un grand nombre de gens. Pour se protéger de la rechute, il importe toutefois d'avoir au moins une personne à qui se confier. Outre la famille et les professionnels, les groupes d'entraide occupent une place importante dans le réseau de soutien de beaucoup de personnes ayant un trouble bipolaire.

6. **Avoir une vie équilibrée.** De prime abord, il peut sembler facile d'échapper à la dépression en se concentrant uniquement sur un aspect de la vie : travail ou occupation de prédilection, par exemple. Mais cette stratégie risque de ne fonctionner qu'un temps. Il ne faut donc négliger aucun aspect de la vie : études, travail ou activités de bénévolat, loisirs divers, relations avec la famille et les amis. Quand on s'investit dans divers aspects de sa vie durant la phase de rétablissement, on a une vie plus équilibrée et satisfaisante, ce qui aide à éviter la rechute.

7. **Être à l'affût de tout symptôme.** Chez de nombreuses personnes atteintes de trouble bipolaire, tous les épisodes s'accompagnent des mêmes symptômes. Il est donc possible d'apprendre à déceler la phase précoce de la rechute à des signes familiers – besoin de sommeil moindre, irritabilité ou impression de ne plus avoir besoin de médicaments – pour éviter la survenue d'un épisode majeur. La tenue d'un journal de l'humeur (en format papier ou électronique) est souvent très utile. En effet, l'humeur de la plupart des gens fluctue selon les jours et toutes les sautes d'humeur ne sont pas nécessairement attribuables au trouble bipolaire. (Voir plus loin la partie intitulée « Comment reconnaître les signes précurseurs et les facteurs déclencheurs pour agir rapidement ».)

8. **Désigner des proches ou amis qui apporteront leur soutien au besoin.** Lorsqu'un épisode se prépare, la personne perd généralement sa faculté de discernement. Les proches qui

reconnaissent les symptômes typiques du trouble bipolaire pourront intervenir pour qu'un traitement soit mis en route.

Aspects pratiques du rétablissement

Un épisode de dépression ou de manie a généralement des répercussions sur le travail, les études et la vie familiale. Certaines personnes ont l'impression que rien ne sera plus jamais comme avant et elles se sentent incapables de reprendre les activités qu'elles ont dû interrompre. Il est tout à fait naturel d'éprouver ces sentiments. Cependant, une fois leur état stabilisé par les médicaments, la plupart des personnes atteintes de trouble bipolaire peuvent de nouveau assumer toutes leurs responsabilités.

Pour que la transition se fasse en douceur, la personne en train de se rétablir doit se fixer des objectifs appropriés et définir des priorités en prenant l'avis de son psychiatre, car en assumant trop de responsabilités ou trop peu, on risque d'affecter le rétablissement. Il est parfois recommandé, durant le rétablissement, d'exposer ses objectifs et inquiétudes à un autre prestataire de soins : ergothérapeute, travailleur social ou psychologue, par exemple. Et les membres de la famille souhaitent sans doute être tenus au courant eux aussi des projets et préoccupations de leur proche. Ils peuvent lui être d'un grand soutien en lui faisant part de leurs observations quand il retournera à ses activités. Qu'il s'agisse de reprendre les études ou le travail ou d'assumer à nouveau ses responsabilités familiales ou sociales, il importe de trouver le rythme qui convient.

ÉTUDES

Il est recommandé aux personnes qui souhaitent reprendre leurs études d'en parler à leur psychiatre ou à un autre prestataire de soins de santé mentale. Les problèmes de mémoire et de concentration étant fréquents, il leur faudra peut-être envisager des études à temps partiel. Elles devront aussi songer à modifier leur façon d'étudier, en prévoyant des périodes plus courtes et en évitant les endroits bruyants et très fréquentés, car elles auront sans doute du mal à filtrer les stimuli visuels et auditifs.

Les élèves qui reprennent leurs études auraient peut-être intérêt à faire part de leurs difficultés aux enseignants. De nombreuses écoles fournissent des services aux élèves qui ont des besoins particuliers et la plupart des collèges et universités font de même. L'élève (ou l'étudiant) qui se prévaut de ces services doit indiquer à un conseiller le motif de son absence et ce dernier essaiera de trouver des accommodements, en collaboration avec les enseignants. Il pourrait être utile d'autoriser le conseiller à communiquer avec ses prestataires de soins.

TRAVAIL

Le retour au travail peut comporter des difficultés semblables et exiger une planification tout aussi minutieuse. Il importe, à cet égard, que la personne parle de ses projets avec son psychiatre et peut-être également avec un ergothérapeute, qui pourra lui fournir des conseils et du soutien supplémentaire.

Il est conseillé de reprendre ses responsabilités de façon graduelle, en commençant par travailler à temps partiel ou avec une charge de travail réduite. Le prestataire de soins pourra recommander des modifications de tâches et d'horaires pour faciliter la transition. Parmi les accommodements les plus courants, citons l'augmentation du nombre des pauses, les congés pour se rendre à ses rendez-vous médicaux et une modification des tâches non essentielles.

Il peut être bon de renseigner l'employeur et les collègues de travail sur les signes caractéristiques du trouble bipolaire, mais tout le monde ne souhaite pas parler de sa maladie à son employeur, même s'il n'est pas possible alors de demander des accommodements. En pareille situation, un retour au travail réussi n'est pas exclu, mais il est crucial d'avoir quelqu'un à qui parler de ses problèmes et préoccupations en dehors du travail.

RESPONSABILITÉS FAMILIALES ET SOCIALES

La personne qui se rétablit a intérêt à reprendre progressivement ses tâches familiales et communautaires, en choisissant les responsabilités et activités les mieux adaptées et en définissant des priorités. En examinant ce qu'elle est capable de faire, elle pourra planifier en conséquence.

Au début, la personne ne sera peut-être pas en mesure de reprendre toutes ses activités, ce qui peut être frustrant. Durant le retour progressif à la normale, elle aura sans doute avantage à se fixer des objectifs quotidiens et à noter ce qui a été accompli, en modifiant ses objectifs au besoin. Au début, elle aura peut-être besoin de confier une partie des tâches ménagères et autres responsabilités quotidiennes à des membres de sa famille.

Comment reconnaître les signes précurseurs et les facteurs déclencheurs pour agir rapidement

Les personnes qui reprennent les études, le travail ou leurs responsabilités domestiques ou sociales doivent apprendre à reconnaître tout changement d'humeur afin de prendre les mesures qui s'imposent. Il leur faudra peut-être aussi trouver des moyens de mieux se concentrer et travailler de façon plus productive, ainsi que se protéger des agressions externes.

DÉPRESSION

Les signes typiques d'une dépression imminente sont les suivants :

• difficulté à se concentrer sur les tâches et à les achever ;
• baisse d'énergie ;
• perte de confiance en soi ;
• susceptibilité accrue ;
• tendance plus marquée à s'inquiéter ;
• remise en cause de l'utilité des activités quotidiennes ;
• difficulté à prendre la moindre décision ;
• altérations du sommeil et de l'appétit.

Il faut ajouter à cette liste les facteurs déclencheurs individuels et envisager des stratégies permettant de bien y faire face. Les facteurs déclencheurs sont les événements ou circonstances qui précèdent les changements d'humeur. En voici quelques exemples :

• dates anniversaires ;
• problèmes d'argent ;
• conflit avec quelqu'un d'important ;
• situation de maltraitance ;
• maladie (grippe, par exemple).

Les personnes qui traversent une phase dépressive ou qui se trouvent en présence de facteurs déclencheurs pourraient bénéficier de ces conseils :

- apprendre à reconnaître une partie de ses symptômes et parler à son médecin pour voir s'il pourrait modifier le traitement ou le remplacer ;
- demander du soutien à la famille, aux amis et aux collègues de travail, notamment en leur demandant comment eux perçoivent les choses ;
- commencer par s'occuper de tâches simples et concrètes et remettre à plus tard, dans la mesure du possible, les tâches plus difficiles et plus délicates ;
- remettre à plus tard toute décision importante ;
- éviter de consacrer trop de temps à des activités publiques ou exigeantes sur le plan social ;
- organiser ses journées de manière à faire une large place aux activités qu'on trouve gratifiantes ;
- se fixer des objectifs pour faire face aux changements d'humeur, en participant à des activités agréables avec des gens qui apportent du réconfort, par exemple.

HYPOMANIE

Les signes typiques d'une hypomanie imminente sont les suivants :

- diminution du besoin de sommeil ;
- surcroît d'énergie et de confiance en soi (les personnes atteintes ont tendance à se fixer de nombreuses tâches) ;
- difficulté à canaliser son énergie pour se mettre au travail ;
- émotivité ou esprit querelleur plus forts qu'à l'accoutumée ;
- prise de décisions irréfléchie (plus qu'à l'accoutumée).

Les personnes qui traversent un épisode d'hypomanie pourraient bénéficier des conseils suivants :

- apprendre à reconnaître une partie de ses symptômes et parler à son médecin pour voir s'il pourrait modifier le traitement ou le remplacer ;
- chercher des moyens de minimiser, autant que possible, les sources extérieures de stimulation ;
- s'efforcer de dormir suffisamment et de bien se détendre ;
- chercher à se prémunir contre son impulsivité, en mettant ses cartes de crédit hors de sa portée et en évitant certaines fréquentations, par exemple ;
- envisager de remettre à plus tard les décisions capitales et d'annuler toute réunion importante ;
- planifier ses journées et leur horaire ;
- canaliser ses excès d'énergie en dehors du travail, en s'adonnant à des activités de loisir ou en faisant de l'exercice physique, par exemple.

CONCENTRATION

Quand on traverse un épisode de dépression ou d'hypomanie, on risque d'avoir du mal à se concentrer. En pareil cas, il est conseillé de :

- parler du problème à son médecin ;
- se dire que ça va passer ;
- s'efforcer d'établir des listes de choses à faire, sans être trop inflexible sur les délais ;
- chercher des manières de minimiser, autant que possible, les sources extérieures de stimulation ;
- essayer de déterminer quelles sont les périodes de la journée où l'on est le plus productif.

7 Aide aux conjoints et aux familles

Quand un proche souffre de trouble bipolaire

Lorsqu'une personne est gravement malade, cela se répercute sur le reste de sa famille, qu'il s'agisse d'une maladie physique comme le diabète ou d'une maladie mentale comme le trouble bipolaire. Dans le cas de la maladie mentale, il faut en outre faire face à la stigmatisation sociale. Pour éviter d'être confrontés aux préjugés, la famille ou le conjoint peuvent être tentés de s'isoler. En outre, le trouble bipolaire affectant l'humeur et le comportement, il y a des chances que la personne atteinte soit moins disposée à tenir compte de l'avis de ses proches désireux de lui venir en aide. La maladie peut aussi affecter la façon dont une personne assume ses responsabilités.

Les épisodes maniaques et les épisodes dépressifs sont généralement éprouvants pour les familles. Lorsque les sautes d'humeur sont légères, ça peut encore aller, mais lorsqu'elles sont importantes, c'est une tout autre histoire.

La dépression

Les personnes qui ont un proche aux prises avec la dépression peuvent passer par toutes sortes d'émotions : accablement, inquiétude, peur, angoisse, frustration, colère, sentiment de culpabilité ou d'impuissance. Or, si tous les épisodes de dépression sont difficiles à vivre, le premier l'est tout particulièrement. Les membres de la famille ont du mal à comprendre ce qui arrive et pourquoi la personne touchée ne se rétablit pas d'elle-même. Sans savoir ce qu'est la dépression, ils peuvent être portés à croire que la personne manque de volonté et éprouver une grande frustration si, après qu'ils lui ont donné des conseils bien intentionnés, leur proche ne fait pas le nécessaire pour s'en sortir. En outre, si leur proche parle de suicide, il est naturel qu'ils vivent dans un état d'alarme permanent.

COMMENT COMMUNIQUER AVEC UNE PERSONNE EN PHASE DE DÉPRESSION

Quand une personne traverse une phase dépressive, il arrive souvent que les membres de sa famille ne sachent pas quoi lui dire, notamment par peur de lui poser trop de questions et de l'indisposer sans le vouloir. Mais ils ne veulent pas non plus qu'elle pense qu'ils ne s'intéressent pas à elle ou cherchent à l'éviter.

La famille doit essayer de manifester son soutien à la personne, faire preuve de compréhension et se montrer aussi patiente que possible. Le simple fait de reconnaître que la dépression est une maladie peut aider la personne atteinte à se sentir moins coupable d'être dysfonctionnelle.

CONSEILS POUR BIEN COMMUNIQUER

1. **Parler calmement, sans élever la voix.**

2. **Parler d'une seule chose à la fois.** Il se peut que la personne ait de la difficulté à se concentrer.

3. Si la personne est taciturne et renfermée, **essayer de rompre le silence en faisant des commentaires neutres et non intimidants**, du style « Il fait un peu chaud ici, non ? ».

4. **Être patient et attendre que la personne réponde.** Elle peut avoir besoin de temps pour réagir.

5. **Les personnes qui savent écouter sont très appréciées.** La dépression conduit les gens à s'étendre sur leurs problèmes, alors qu'elles ne sont pas forcément disposées à parler de solutions. Le fait de montrer à la personne qu'on l'écoute attentivement est réconfortant en soi. Il n'est pas nécessaire de lui offrir des solutions.

6. Si la personne est irritable, il peut être préférable de ne pas trop en faire, de ne pas s'attendre au miracle et de **se cantonner à des banalités.** Les remarques sur le temps, le souper ou d'autres sujets du quotidien représentent la façon la plus sûre d'engager la conversation. Il faut se contenter de saisir les occasions d'acquiescer ou d'ajouter quelque chose. Il serait vain d'orienter la conversation sur des décisions ou des questions importantes ; il vaut mieux remettre ce type de discussion à plus tard.

7. **Éviter de questionner la personne sur l'origine de sa dépression. Éviter également de la blâmer ou de lui dire de se secouer,** car cela ne ferait que renforcer son sentiment de

culpabilité ou d'isolement. Les personnes modérément dépressives peuvent reconnaître le bien-fondé des conseils qu'on
leur prodigue sans toutefois être en mesure de les suivre. Elles
ignorent souvent ce qui a déclenché leur dépression et comment en sortir.

8. **Éviter de trop s'investir.** Lorsqu'un membre de la famille est
atteint de dépression sévère ou chronique, il est normal de
trouver sa compagnie particulièrement épuisante et il est
préférable d'avoir avec lui des contacts fréquents mais brefs. Si
la personne est hospitalisée, les membres de la famille peuvent
lui rendre visite à tour de rôle.

La manie

Le comportement d'une personne qui traverse un épisode
maniaque suscite des émotions intenses, surtout au sein de
sa famille : frustration, irritation, colère ou même aversion.
L'intensité des émotions est fonction de la gravité de l'épisode.
L'impression d'avoir affaire à quelqu'un qu'on ne reconnaît pas est
particulièrement troublante. C'est ainsi qu'une personne réservée
et responsable peut soudain perdre ses inhibitions, notamment
sexuelles, ou qu'une personne affable et conciliante peut devenir
tyrannique.

Par ailleurs, la personne qui traverse une phase maniaque pense
généralement qu'elle est la seule à avoir raison et que tous les
autres ont tort, un aspect de la manie qui est très éprouvant pour
la famille et l'entourage. Il arrive qu'un proche refusant d'assumer les conséquences de ses paroles ou de ses actions, la famille
soit obligée de le tirer d'affaire. Il se peut aussi que la personne
perçoive avec acuité les faiblesses de ses proches et qu'elle les

mette volontairement dans l'embarras. Une personne sévèrement maniaque s'emporte facilement et les membres de sa famille ont l'impression de naviguer dans un champ de mines, car ils s'attendent à tout moment à une explosion. Le plus difficile, c'est que la manie peut empêcher les gens de se rendre compte de leur état.

Le conjoint d'une personne qui traverse un épisode maniaque est souvent celui qui est le plus touché par sa colère. De plus, il peut avoir à « faire tampon », son entourage exigeant que le comportement de la personne soit maîtrisé. Par ailleurs, si la personne a fait des dépenses inconsidérées, le conjoint risque d'être assailli par les créanciers. À cela il faut ajouter que certaines personnes maniaques ont des liaisons extraconjugales, dont elles se vantent parfois... Le conjoint peut se sentir humilié et trahi.

Il pourrait sembler que le seul moyen d'échapper à cette situation intolérable soit de prendre ses distances et de demander le divorce, mais il est conseillé de ne pas prendre une telle décision tant que la personne est gravement malade, car il est probable que son comportement changera une fois qu'elle se sera rétablie.

QUE FAIRE QUAND UN PROCHE TRAVERSE UN ÉPISODE MANIAQUE

Au début d'un épisode maniaque, la personne peut se sentir euphorique, débordante d'énergie et extravertie, et sa bonne humeur peut être contagieuse. **Il convient de ne pas se laisser entraîner.** Les personnes en phase maniaque ont un besoin maladif d'attention et recherchent la chicane. Il faut s'efforcer de les détourner des situations trop stimulantes – longues conversations et soirées, par exemple.

La manie aiguë ne touche qu'une faible proportion des personnes atteintes de trouble bipolaire. Elle rend méfiant et hostile et peut conduire à s'emporter jusqu'à en venir aux mains. Il faut éviter de discuter avec une personne dans cet état, car cela ne ferait qu'attiser sa colère.

Généralement, les gens en phase maniaque n'ont pas conscience du caractère dangereux de leur comportement – opérations commerciales risquées, folles dépenses, conduite imprudente... – pour elles-mêmes et pour autrui et il faut parfois que les proches interviennent. La meilleure manière pour les proches d'éviter ce genre de comportement est d'en discuter avec la personne quand son état est stable et de s'entendre sur les mesures à prendre, dont, peut-être, les mesures de précaution suivantes : confiscation des clés de voiture et des cartes de crédit de la personne, suspension de ses privilèges bancaires, etc. Lorsqu'une personne traverse une phase maniaque, l'hospitalisation peut lui sauver la vie.

COMMENT COMMUNIQUER AVEC UN PROCHE QUI TRAVERSE UN ÉPISODE MANIAQUE

1. **Réduire les stimuli.** L'excès de stimulation est néfaste aux personnes en phase maniaque. Il est donc conseillé d'accueillir moins de visiteurs à la fois ou de réduire le bruit et les activités au foyer.

2. **S'en tenir à des conversations brèves.**

3. **Ne parler que de questions d'intérêt immédiat. Ne pas essayer de raisonner la personne ni d'argumenter.**

4. **Essayer de dissuader la personne de parler de ses sentiments.**

5. Éviter de se montrer autoritaire, mais faire preuve de fermeté et d'esprit pratique.

6. Ne pas faire systématiquement ce que la personne demande.

7. Ne pas se laisser gagner par l'euphorie de la personne ou ses attentes excessives.

8. Ne pas essayer de convaincre la personne du caractère peu réaliste de ses projets, mais prendre des mesures pour la protéger (p. ex., en mettant hors de sa portée ses clés de voiture ou ses cartes de crédit).

Comment faire traiter un membre de sa famille

L'OBSERVANCE THÉRAPEUTIQUE

Certaines personnes ressentent un grand soulagement lorsqu'elles reçoivent finalement un diagnostic et qu'on leur prescrit un traitement qui stabilise leur humeur. D'autres, cependant, ont beaucoup de mal à se faire à l'idée qu'elles sont atteintes d'une maladie qu'il leur faudra gérer leur vie durant. Il est des personnes qui connaissent plusieurs épisodes maniaques ou dépressifs avant d'accepter une fois pour toutes de se faire soigner. En outre, la manie légère peut paraître attrayante, car elle procure souvent un sentiment d'euphorie, renforce la confiance en soi et s'accompagne d'un surcroît d'énergie et de créativité, poussant certaines personnes à cesser de prendre leurs médicaments.

Confrontés à une phase maniaque, les familles ont souvent beaucoup de mal à se retenir de convaincre leur proche de prendre ses
médicaments ou de consulter son médecin. Si les membres de la
famille d'une personne atteinte de trouble bipolaire n'arrivent pas
à lui faire admettre que quelque chose ne tourne pas rond, elles
pourraient, afin d'éviter disputes et épreuves de force, demander à
quelqu'un en qui la personne a confiance de lui parler.

LES IDÉES SUICIDAIRES

Les personnes modérément dépressives acceptent généralement
de recevoir un traitement médical sans trop se faire prier. En
revanche, il peut arriver qu'une personne qui est dépressive au
point de songer au suicide refuse de se faire traiter, car elle a
perdu tout espoir et se sent inutile. En pareil cas, un membre de
la famille ou quelqu'un en qui la personne a confiance devrait
insister pour que la personne consulte son médecin ou se rende
aux urgences.

Beaucoup de personnes suicidaires acceptent cependant d'être
hospitalisées. Toutefois, en cas de refus, il existe plusieurs recours.
Par exemple, on peut demander à un juge de paix de rendre une
ordonnance autorisant des agents de la paix à conduire la personne
à l'hôpital pour qu'elle y subisse une évaluation médicale. En cas
de risque immédiat de suicide, il faut composer le 911.

Le recours à la police n'est pas une décision facile, mais il est
parfois nécessaire pour faire hospitaliser une personne malade.
Les familles se sentent souvent très coupables de prendre une telle
décision, même si elle vise à sauver la vie de leur proche. Il faut
savoir que les menaces de suicide sont généralement des appels
au secours et qu'elles doivent être prises au sérieux. Les personnes

suicidaires ne font généralement que traverser une mauvaise
passe, durant laquelle elles ont besoin d'être à l'abri du danger.

LES ÉPISODES MANIAQUES

Lorsque la famille s'aperçoit qu'un proche montre des signes
d'hypomanie (p. ex., il a plus d'énergie que d'habitude, dort moins
et se montre volubile), elle doit l'inciter à consulter immédiatement un médecin, qui lui prescrira un traitement pour le calmer
et stabiliser son humeur. L'hypomanie pouvant parfois se trans-
former en manie, son traitement permettra peut-être d'éviter un
épisode maniaque majeur. Si un tel épisode survenait, la personne
risquerait de ne pas se rendre compte qu'elle est malade et pourrait
refuser de voir un médecin. Or, les épisodes maniaques peuvent
s'assortir de comportements dangereux. Quand une personne est
atteinte de manie, l'hospitalisation est la meilleure solution.

QUAND UN PROCHE EST À L'HÔPITAL

Si la personne est très malade et affaiblie, il est parfois préférable,
pour elle comme pour sa famille, que les visites soient fréquentes,
mais de courte durée. Les longues conversations ne sont pas bénéfiques aux patients très malades, car ils ont tendance à ressasser
leurs problèmes ou leur sentiment de désespoir. Des visites fréquentes et brèves permettent de garder le contact avec la personne
hospitalisée en lui montrant qu'on est là pour elle.

Certaines personnes ont beaucoup de mal à tolérer l'hospitalisation, car pour les protéger, il faut restreindre leur liberté de
mouvement. Il est donc naturel qu'elles souhaitent quitter l'hôpital
avant que le personnel médical ne juge leur humeur et leur comportement stabilisés. Pour la famille, cette situation est particulièrement éprouvante, car elle se représente les problèmes qu'elle

aura à la maison si la personne redevient gravement malade et doit être réhospitalisée. Certains patients, sensibles aux préoccupations de leurs amis et de leur famille, acceptent de prolonger leur séjour à l'hôpital. La famille obtiendra plus facilement une telle collaboration si elle fixe des objectifs précis lors de l'admission. À titre d'exemple, il pourrait être utile de préciser clairement que la personne devra être stabilisée avec des médicaments et s'inscrire à un programme de jour ou s'engager à suivre une thérapie avant de quitter l'hôpital.

En Amérique du Nord, la plupart des gouvernements ont des lois sur la santé mentale qui ne permettent l'hospitalisation forcée que si la personne menace d'attenter à son intégrité physique ou à celle d'autrui, ou est incapable de prendre soin d'elle-même. Néanmoins, bien des personnes malades à qui un séjour à l'hôpital pourrait être profitable ne répondent pas à ces critères et elles ont donc la possibilité de refuser d'être hospitalisées ou de quitter l'hôpital en dépit de l'avis du médecin. Il est généralement très éprouvant pour la famille de vivre avec une personne maniaque qui refuse de se faire soigner et que l'on ne peut pas garder à l'hôpital contre son gré.

En pareil cas, il est recommandé d'essayer de négocier avec la personne malade le moment idéal pour quitter l'hôpital. Quels sont les progrès qui doivent être faits durant l'hospitalisation pour que la famille ait l'assurance que tout danger soit écarté avant qu'elle consente au retour de la personne au foyer ? La question pourrait-elle être abordée à l'occasion d'une *rencontre de planification de congé* où seraient présents la personne malade, son médecin et tout autre professionnel lui ayant prodigué des soins ?

Les familles se sentent souvent coupables de poser des conditions, car elles craignent que leur proche ne se sente rejeté. Pourtant, un congé prématuré ou mal planifié aboutit souvent à une rechute et à une situation encore plus compliquée.

Conjoints et familles doivent prendre soin d'eux-mêmes

Lorsqu'une personne a une maladie grave, il est naturel que les membres de la famille s'alarment et qu'en s'efforçant de lui venir en aide et de la réconforter, ils délaissent leurs activités habituelles. Ne sachant pas trop comment les amis vont se comporter à l'égard de la personne, ils s'abstiennent de les inviter. Avec le temps, ils s'isolent de leur cercle d'amis et c'est souvent lorsque la situation est bien établie qu'ils finissent par en prendre conscience. En agissant de cette manière, ils s'exposent à l'épuisement psychique et physique, et le stress qui en résulte peut entraîner des troubles du sommeil ou une irritabilité chronique.

Il est important que les membres de la famille reconnaissent ces signes de stress et prennent soin de leur propre santé mentale et physique. Pour ce faire, ils doivent prendre conscience de leurs limites et se ménager du temps. Ils doivent veiller à avoir un bon réseau de soutien à l'extérieur de la famille, avec des amis fiables à qui ils puissent parler franchement de la situation. Certaines personnes ont de la difficulté à comprendre ce qu'est la maladie mentale et il est donc naturel d'être sélectif et de ne s'adresser qu'à des gens qui peuvent apporter un véritable soutien.

La famille et le conjoint ont besoin de bien s'informer sur le trouble bipolaire, car une meilleure connaissance de la maladie les met mieux à même d'offrir un soutien à la personne touchée, de gérer leurs propres émotions et d'expliquer la situation à la famille élargie, aux amis et aux collègues de travail. Ils peuvent se renseigner à ce sujet auprès du médecin traitant, du travailleur social ou des autres prestataires de soins de santé mentale. Outre la présente publication, il existe de nombreux ouvrages écrits pour les personnes aux prises avec le trouble bipolaire et leurs familles, que l'on peut se procurer dans les bibliothèques municipales.

Famille et conjoint devraient rechercher du soutien professionnel pour eux-mêmes et se joindre à un groupe d'entraide ou à un programme de soutien familial, soit dans un hôpital local, soit dans une clinique locale de santé mentale. Il importe que chacun ait des activités séparément de la famille et de la personne malade. Il est également important de reconnaître et d'accepter le fait que la situation peut parfois inspirer des sentiments négatifs ; ces sentiments sont normaux et ne devraient pas engendrer de culpabilité.

Comment se préparer à l'éventualité d'une rechute ou d'une crise

Les familles évitent souvent de parler à leur proche de la possibilité d'une rechute, de peur de provoquer une crise ou tout simplement de peur de le contrarier. Or, le meilleur moyen de faire face à l'éventualité d'une crise ou de l'éviter est de s'y préparer. Il importe de mettre l'accent sur le maintien de la santé mentale, mais une certaine planification en vue de parer à une éventuelle crise permet de créer un sentiment de sécurité pour la personne malade et sa famille.

Une fois la personne rétablie, il faudra discuter des mesures à prendre en cas de rechute. Serait-il possible, pour la famille ou le conjoint, de l'accompagner chez le médecin pour parler de son état et de la possibilité d'une rechute ? La personne leur donnerait-elle la permission de communiquer avec son médecin ? Leur

donnerait-elle son consentement pour la faire hospitaliser et, le cas
échéant, quel hôpital préférerait-elle ? Si elle traversait une crise
grave, autoriserait-elle son conjoint ou un membre de la famille
à prendre des décisions à sa place ? Serait-il possible d'avoir un
accord écrit garantissant que ses instructions seront suivies ?

Pour faire face à une crise éventuelle, il est utile d'avoir un plan
d'urgence établi à l'avance ainsi qu'une bonne relation avec le
médecin traitant.

Conseils pour aider un proche et favoriser son rétablissement

1. **S'informer le plus possible sur le trouble bipolaire.** La connaissance des causes, des signes avant-coureurs et des symptômes
   du trouble bipolaire et de son traitement permet de mieux
   comprendre la personne atteinte et de l'aider à se rétablir.

2. **Reconnaître ses propres sentiments, sans culpabiliser.** Il est
   normal d'avoir des sentiments contradictoires lorsqu'un être
   cher reçoit un diagnostic de trouble bipolaire. Quand on reconnaît ce fait, on est mieux à même de gérer ses émotions et
   d'aider la personne à progresser vers le rétablissement. Quand
   un membre de la famille est affligé d'une maladie mentale, il
   est courant d'éprouver de la tristesse et de la frustration et de
   s'inquiéter pour l'avenir en se demandant si on arrivera à faire
   face. Les parents qui ont un enfant atteint de trouble bipolaire
   peuvent être portés à croire qu'ils sont responsables, en dépit
   de ce que disent les médecins. Quand le comportement d'un
   proche change du tout au tout, il est naturel d'éprouver un
   sentiment d'abandon et de se sentir accablé par le poids de ses
   nouvelles responsabilités.

3. **Inciter son proche à suivre le traitement prescrit.** Si les médicaments ne semblent pas faire effet ou s'ils ont des effets secondaires trop lourds, il est recommandé d'inciter son proche à en parler à son médecin ou d'en consulter un autre. Il pourrait être très utile de l'accompagner à son rendez-vous pour faire part au médecin de ses observations.

4. **S'informer sur les signes précurseurs du suicide.** Certains signes alarmants : la personne sombre dans le désespoir, met de l'ordre dans ses affaires, parle de ce qui se passera quand elle ne sera plus là... Il faut prendre très au sérieux toutes les menaces de suicide et demander immédiatement de l'aide. Si le risque est imminent, on peut composer le 911. Il faut savoir que les idées de suicide sont un symptôme de la maladie et essayer de le faire comprendre à la personne, en lui répétant sans cesse combien on tient à elle.

5. **Profiter du fait que la personne atteinte de trouble bipolaire se sent bien pour parler de la façon d'éviter des crises.** Prévoir ensemble ce qu'il y aura lieu de faire durant les périodes aiguës de la maladie, notamment en cas de comportement suicidaire, et ce qu'il faudra faire pour éviter les conséquences fâcheuses du comportement maniaque : folles dépenses et conduite imprudente, par exemple.

6. **Ne pas négliger ses propres besoins :**

- prendre soin de soi ;
- maintenir son propre réseau de soutien ;
- éviter de s'isoler ;
- parler franchement, en famille, du stress engendré par le trouble bipolaire ;
- confier à autrui une part de ses responsabilités ;

- ne pas laisser le trouble bipolaire monopoliser la vie familiale.

7. **Reconnaître qu'après un épisode maniaque ou dépressif, le rétablissement est graduel et qu'il prend du temps.** La personne a besoin de se rétablir à son propre rythme. Éviter de trop en demander à la personne tout en se gardant de la surprotéger. Savoir qu'avant de retourner à la normale, elle devra d'abord stabiliser son humeur. Essayer de faire des choses *avec la personne plutôt que pour elle*, pour l'aider à reprendre progressivement confiance en elle.

8. **Comprendre que le trouble bipolaire est une maladie, pas un défaut de caractère.** Une fois la personne rétablie, il convient de la traiter normalement tout en étant à l'affût de tout signe de rechute. Si l'on décèle de tels signes, le lui faire savoir avec tact et lui suggérer d'en parler à son médecin.

9. **Apprendre, de concert avec la personne atteinte de trouble bipolaire, à distinguer une bonne journée d'un épisode hypomaniaque et une mauvaise journée d'un épisode dépressif.** Comme tout un chacun, les personnes atteintes de trouble bipolaire peuvent avoir de bons et de mauvais jours sans être malades pour autant.

8 Comment expliquer le trouble bipolaire aux enfants

Il peut être malaisé d'expliquer à des enfants ce qu'est le trouble bipolaire ou toute autre maladie mentale. Pour protéger leurs enfants, le parent ayant un trouble bipolaire et le parent en bonne santé (le cas échéant) peuvent choisir de ne rien dire et tenter de continuer leurs activités ordinaires comme si de rien n'était. Alors que cette attitude peut constituer une solution à court terme, elle risque, à long terme, de provoquer chez les enfants de la confusion ou de l'inquiétude à propos des changements de comportement qu'ils auront inévitablement observés.

Les enfants ont une bonne intuition et ils remarquent vite tout changement au sein de leur famille. Si l'atmosphère familiale semble indiquer qu'il ne faut pas en parler, ils tireront leurs propres conclusions, souvent erronées. Les jeunes enfants, en particulier ceux qui vont à l'école maternelle ou primaire, ont souvent une perception égocentrique du monde. Par conséquent, quand une situation désagréable se produit, ils présument qu'ils en sont responsables. Par exemple, si un enfant désobéit à un de ses parents et s'attire des ennuis, et que le lendemain le parent est déprimé, l'enfant supposera que c'est à cause de lui.

Pour expliquer aux enfants ce qu'est la maladie mentale ou le trouble bipolaire, il faut leur fournir le plus d'informations possible, en fonction de ce qu'ils sont en mesure de comprendre. Avec les tout-petits et les enfants d'âge préscolaire, il convient d'employer des phrases simples et courtes, et il est inutile de fournir des explications compliquées. Les enfants d'âge scolaire sont capables de comprendre plus de choses, mais ils risquent d'être dépassés par les détails concernant le traitement médicamenteux ou d'autres thérapies. Quant aux adolescents, ils sont généralement en mesure de comprendre pratiquement tout ce qu'on leur explique et ils éprouvent souvent le besoin de parler de leurs impressions et de leurs sentiments. Il se peut que, préoccupés par les préjugés attachés à la maladie mentale, ils se posent des questions sur l'opportunité de parler ouvertement de la situation. En les informant, on les invite à s'exprimer librement.

Il est bon de rassurer les enfants en leur expliquant trois choses :

1. **Le parent (ou un autre membre de la famille) se comporte ainsi parce qu'il est malade.** Il est important de dire aux enfants que le parent est atteint d'une maladie appelée trouble bipolaire, qui fait osciller, sans raison, entre deux états. Parfois, les personnes atteintes ont facilement la larme à l'œil, dorment toute la journée, perdent l'appétit et parlent peu ; d'autres fois, elles parlent beaucoup et sont d'excellente humeur, mais un rien peut les mettre en colère.

2. **Les enfants ne sont pas responsables des sautes d'humeur de leur parent.** Les enfants présument souvent que leur comportement est à l'origine de l'humeur de leur parent, et ils sont donc portés à culpabiliser. Il faut leur expliquer que le trouble bipolaire est une maladie, tout comme la varicelle ou un mauvais rhume.

3. **Il revient aux adultes de la famille et à d'autres personnes – médecins, par exemple – de venir en aide à la personne atteinte de trouble bipolaire. Les enfants ne devraient pas avoir à s'en soucier.** Ce dont ils ont besoin, c'est que le parent qui n'est pas atteint de trouble bipolaire ou d'autres adultes de confiance les protègent des effets de la dépression et de la manie. Il serait peut-être bon que les enfants parlent de leurs sentiments avec quelqu'un qui comprenne combien il est difficile de voir souffrir sa mère ou son père (ou un autre membre de sa famille). Beaucoup d'enfants sont effrayés par les changements qu'ils observent chez leur parent. Le temps qu'ils passaient ensemble leur manque. Les enfants devraient avoir des activités à l'extérieur du foyer, leur permettant de développer d'autres relations harmonieuses. Une fois que le parent malade commencera à se rétablir et à reprendre les activités familiales, des relations normales avec ses enfants pourront être progressivement restaurées.

Les parents – le parent atteint de trouble bipolaire et celui qui ne l'est pas – devraient parler aux enfants de la manière d'expliquer la maladie aux personnes de l'extérieur. Tout le monde a besoin du soutien de ses amis ; toutefois, le trouble bipolaire peut être difficile à expliquer, et certaines familles craignent les préjugés liés à la maladie mentale. Il revient à chacun (parent ou enfant) de décider dans quelle mesure se confier.

Certains parents aux prises avec le trouble bipolaire ont du mal à tolérer les activités turbulentes et le bruit qui caractérisent les jeux des enfants et leurs autres activités. Il pourrait être bon de prendre des mesures pour éviter que les enfants ne suscitent de l'irritation chez le parent malade, provoquant chez lui une réaction disproportionnée. Il faudra peut-être aussi prévoir du temps pour permettre aux enfants de jouer à l'extérieur ou aménager un endroit calme de la maison où le parent malade peut se reposer une partie de la journée.

Une fois le parent rétabli, il devra expliquer son comportement aux enfants. Il pourrait prévoir des moments particuliers à leur consacrer pour rétablir ses relations avec eux et leur montrer qu'il est de nouveau disponible. Cela rassurera les enfants, qui verront que le parent s'intéresse de nouveau à eux.

Vous trouverez de plus amples renseignements sur la manière de parler du trouble bipolaire aux enfants dans *Ce que les enfants veulent savoir... lorsqu'un de leurs parents a un trouble bipolaire.* Vous pouvez également vous procurer cette ressource sous forme de brochure auprès de CAMH (http://store.camh.ca). Une autre ressource utile est le livre pour enfants *Est-ce que je peux l'attraper comme le rhume ? Faire face à la dépression de sa mère ou de son père,* que l'on peut également se procurer auprès de CAMH.

Glossaire

Agitation : agitation intérieure extrême qui s'accompagne souvent d'anxiété. Le patient a du mal à rester en place ; il se morfond et fait les cent pas.

Antidépresseurs : médicaments employés pour traiter les symptômes de la dépression. Les antidépresseurs s'emploient aussi pour traiter d'autres troubles de santé mentale, dont le trouble panique et le trouble obsessif-compulsif.

Antipsychotiques : médicaments permettant de maîtriser rapidement la manie et de traiter les symptômes psychotiques. Les antipsychotiques peuvent également prévenir de nouveaux épisodes maniaques.

Anxiété : état affectif caractérisé par une inquiétude excessive, la peur d'un danger imminent réel ou imaginaire et un sentiment de vulnérabilité ou d'incertitude. Dans sa forme aiguë, l'anxiété peut se manifester par de la frayeur, la crainte de perdre pied et divers symptômes physiques, notamment accélération du rythme cardiaque, transpiration, souffle court, nausées et étourdissements. Il s'agit d'un symptôme courant du trouble bipolaire.

Anxiolytiques : médicaments contre l'anxiété. Les benzodiazépines sont des anxiolytiques.

Benzodiazépines : catégorie d'anxiolytiques de composition chimique semblable. Le diazépam (Valium) et le lorazépam (Ativan) sont des benzodiazépines couramment prescrites.

Comorbidité : trouble qui en accompagne un autre ou qui se produit simultanément. C'est ainsi que l'alcoolisme, la toxicomanie, le trouble panique, le trouble obsessionnel-compulsif et l'hyperphagie boulimique peuvent aller de pair avec le trouble bipolaire.

Cycle : période comprise entre le début d'un épisode et le commencement du suivant.

Cycle rapide : on parle de cycle rapide lorsqu'une personne atteinte de trouble bipolaire connaît plus de quatre épisodes par an. Seules 20 % des personnes atteintes de trouble bipolaire sont dans cette situation.

Délire : croyance fausse et bien ancrée, étrangère à la culture dominante (p. ex., le fait d'être convaincu que ses pensées sont contrôlées par des forces extérieures). Il existe plusieurs types de délire, dont le délire paranoïaque, caractérisé par un sentiment de méfiance, et le délire de grandeur, caractérisé par le sentiment exagéré de sa propre importance.

Dépression : épisode caractérisé par une baisse d'énergie, un sentiment d'inutilité et une perte d'intérêt à l'égard de choses qui procuraient du plaisir auparavant (bonne chère, relations sexuelles, travail, amitiés et loisirs). Les personnes dépressives songent souvent à la mort ou au suicide. Pour qu'un diagnostic de dépression soit posé, la personne doit avoir éprouvé au moins cinq des symptômes figurant dans une liste et ce, pendant au moins deux semaines.

Dépression unipolaire : voir Trouble dépressif majeur.

Électroconvulsivothérapie (ECT) : traitement destiné à des personnes aux prises avec une dépression majeure ou une manie aiguë. Il consiste à faire passer un courant électrique contrôlé entre deux disques métalliques appliqués sur la surface du crâne.

Épisode : période durant laquelle une personne est malade. Les épisodes peuvent être dépressifs, hypomaniaques, maniaques ou mixtes.

Épisode mixte : épisode durant lequel le patient présente des symptômes maniaques et dépressifs, soit simultanément, soit en alternance rapide.

Facteur déclencheur : facteur susceptible de causer un épisode maniaque ou dépressif chez une personne qui a déjà connu un épisode de trouble bipolaire. Le stress, l'insomnie, les stéroïdes et les drogues illicites comptent parmi les facteurs déclencheurs du trouble bipolaire.

Hallucination : expérience sensorielle sans fondement dans la réalité. Les hallucinations peuvent affecter la vue, l'ouïe, le goût, l'odorat ou le toucher.

Hypersomnie : excès de sommeil, surtout durant la journée. L'hypersomnie peut être un symptôme du trouble bipolaire.

Hypomanie : état caractérisé par un sentiment d'euphorie et de l'hyperactivité. L'hypomanie est moins sévère que la manie.

Insomnie : incapacité à trouver le sommeil, ou fait de se réveiller trop tôt ou trop souvent. L'insomnie peut être un symptôme du trouble bipolaire.

Maniaco-dépression : voir Trouble bipolaire.

Manie : état caractérisé par un sentiment inhabituel d'euphorie, de l'irritabilité et de l'hyperactivité. La personne devient volubile, ses pensées se bousculent, elle se fait une idée exagérée de son importance, manque de jugement et se montre impulsive, en particulier dans ses achats.

Médicaments d'appoint : médicaments qui complètent l'action du médicament principal.

Neurotransmetteurs : substances chimiques qui acheminent des signaux entre les neurones (cellules nerveuses) du cerveau. Parmi les neurotransmetteurs figurent la norépinéphrine (noradrénaline), la sérotonine, la dopamine et l'acétylcholine.

Observance : fait d'adhérer pleinement au traitement prescrit par le médecin, en prenant religieusement ses médicaments et en participant à toutes ses séances de thérapie, par exemple.

Photothérapie : traitement consistant à exposer le patient à une forme particulière de lumière (généralement dans une cabine spéciale) entre une demi-heure et une heure par jour, durant plusieurs semaines. Ce traitement est employé pour la dépression saisonnière et, parfois, pour d'autres types de dépression.

Psychoéducation : intervention éducative destinée à aider les personnes aux prises avec la maladie mentale ou un problème de dépendance à mieux comprendre et à gérer ces problèmes, soit par elles-mêmes, soit avec l'aide d'un membre de leur famille ou d'un ami.

Psychorégulateurs (thymorégulateurs) : médicaments qui, comme le lithium, permettent d'atténuer les sautes d'humeur anormales. Ils peuvent également prévenir d'autres épisodes.

Psychose : terme désignant les troubles qui ont un effet de désintégration sur la personnalité et qui entraînent une perte de contact avec la réalité.

Psychothérapie : terme générique désignant une forme de traitement axée sur le dialogue avec un thérapeute. La psychothérapie vise à soulager la détresse par l'expression des sentiments, en aidant le client à changer sa façon de voir et d'agir et à découvrir de meilleures façons de faire face à ses difficultés.

Rechute : retour des symptômes d'une maladie après que le patient a semblé avoir réagi favorablement au traitement.

Remèdes naturels : pour le trouble bipolaire, il s'agit de remèdes comme l'huile de poisson et l'inositol (un type de sucre). Peu de recherches ont été menées sur ces remèdes.

Stimulation magnétique transcrânienne (SMT) : traitement consistant à soumettre le cerveau à de courtes impulsions magnétiques.

Symptômes catatoniques : la catatonie s'accompagne de troubles moteurs : agitation extrême ou ralentissement des mouvements, et anomalies motrices ou posturales.

Thérapie cognitivo-comportementale (TCC) : psychothérapie à durée limitée. La TCC repose sur l'observation que les pensées influent sur l'humeur et que certains modes de pensée contribuent à la dépression. On a commencé à mettre cette thérapie à l'essai pour le traitement du trouble bipolaire et les premiers résultats sont prometteurs.

Thérapie de groupe : thérapie à laquelle participent plusieurs patients en même temps. Elle dispense aux patients soutien et psychoéducation.

Traitement d'entretien : traitement visant à prévenir un nouvel épisode de dépression, de manie ou d'hypomanie.

Trouble bipolaire : anciennement appelé **maniaco-dépression**, ce trouble se caractérise par des fluctuations d'humeur, avec un ou plusieurs épisodes de manie ou d'hypomanie et, généralement, un ou plusieurs épisodes de dépression majeure.

Trouble bipolaire de type I : trouble bipolaire comportant des épisodes maniaques ou mixtes.

Trouble bipolaire de type II : trouble bipolaire comportant seulement des épisodes hypomaniaques et dépressifs.

Trouble dépressif majeur : également appelé **dépression unipolaire**, ce trouble est caractérisé par un ou plusieurs épisodes dépressifs majeurs, sans manie ou hypomanie.

Troubles de l'humeur : troubles dont la principale caractéristique est une perturbation de l'humeur (généralement dépression ou manie). Les deux catégories principales de troubles de l'humeur sont la **dépression unipolaire** et le **trouble bipolaire**.

Ressources

SUGGESTIONS DE LECTURE
(en version française)

Burns D. *Être bien dans sa peau*. Saint-Lambert : Héritage, 2005

Centre de toxicomanie et de santé mentale (2003). *Ce que les enfants veulent savoir... lorsqu'un de leurs parents a un trouble bipolaire*. Publié à http://www.camh.ca/fr/hospital/health_information/a_z_mental_health_and_addiction_information/bipolar_disorders/Pages/when_parent_bipolar.aspx.

Greenberger D. et C. Padesky. *Dépression et anxiété : comprendre et surmonter par l'approche cognitive*. Mont-Royal : Décarie, 2005.

Kabat-Zinn J. *Où tu vas, tu es : Apprendre à méditer pour se libérer du stress et des tensions profondes*. Paris : J'ai lu, 2013.

Redfield Jamison K. *De l'exaltation à la dépression : Confessions d'une psychiatre maniaco-dépressive*. Paris : Robert Laffont, 2000.

RESSOURCES EN LIGNE

Société pour les troubles de l'humeur du Canada
www.troubleshumeur.ca

Association canadienne pour la santé mentale (ACSM)
www.cmha.ca/fr

Revivre – Association québécoise de soutien aux personnes souffrant de troubles anxieux, dépressifs ou bipolaires
www.revivre.org

www.info-depression.fr

En anglais

Bipolar Network News
www.bipolarnews.org

Canadian Network for Mood and Anxiety Treatments (CANMAT)
www.canmat.org

Depression and Bipolar Support Alliance
Ligne sans frais : 1 800 826-3632
www.dbsalliance.org

Family Association for Mental Health Everywhere
www.fameforfamilies.com

Optimism (application pour la tenue d'un journal de l'humeur)
www.findingoptimism.com

Organization for Bipolar Affective Disorder (OBAD)
Tél. : 403 263-7408
Sans frais : 1 866 263-7408
www.obad.ca

Autres titres de la série de guides d'information

La dépression

La psychose chez les femmes

La schizophrénie

La thérapie cognitivo-comportementale

La thérapie de couple

La toxicomanie

Le double diagnostic

L'espoir et la guérison après un suicide

Le premier épisode psychotique

Le système ontarien de services psychiatriques médico-légaux

Le trouble de la personnalité limite

Le trouble obsessionnel-compulsif

Les femmes, la violence et le traitement des traumatismes

Les troubles anxieux

Les troubles concomitants de toxicomanie et de santé mentale

Pour commander ces publications et d'autres ressources de CAMH, veuillez vous adresser à Ventes et distribution :
Tél. : 1 800 661-1111
À Toronto : 416 595-6059
Courriel : publications@camh.ca
Cyberboutique : http://store.camh.ca

www.ingramcontent.com/pod-product-compliance
Lightning Source LLC
Chambersburg PA
CBHW021343290326
41933CB00037B/572